TIC DISORDERS

A Guide for Parents and Professionals

틱

부모와 전문가를 위한 가이드

UTTOM CHOWDHURY AND TARA MURPHY 저 · 심미경 역

박영story

서 문

　저는 저자들인 Uttom Chowdhury 박사와 Tara Murphy 박사가 이 책을 집필하기로 결정했을 때 너무나 기쁜 마음을 금할 수 없었고 서문 작성 요청을 받았을 때는 개인적으로 무한한 영광이라 여겼습니다.

　틱과 투렛 증후군은 아마도 일반인들이 이해하기에 가장 어려운 신경장애일 것입니다. 계속 변화하는 틱과 투렛의 특성은 사람들에게 오해를 불러일으키고 이는 결국 틱과 투렛 증상이 있는 사람들의 어려움을 증대시키는 두려움과 오명, 그리고 치료부족의 증가로 이어지는 결과를 초래합니다.

　투렛 협회의 전화 상담서비스를 통한 경험으로 인해 우리는 투렛 증후군을 인식하는 세 가지 단계가 있음을 알고 있습니다.

　첫째, 부모님들이 말씀하시기를 보통 부모님들은 자녀가 다섯 살쯤 되었을 때 동년배들과 같지 않음을 인식하기 시작한다고 합니다. 한동안 부모님들은 걱정을 하게 되고 자녀가 이상한 행동을 하지 않도록 도우려고 노력합니다. 그러다가 부모님들은 본격적인 걱정과 함께 인터넷 자료를 찾기 시작합니다. '혹시? 아니야, 하지만 아마도…'라고 인식하는 단계입니다.

　둘째, 부모님들은 투렛 협회의 전화 상담서비스로 연락을 취하게 되고, 투렛 증후군의 증상과 표준준거에 대한 설명을 듣게 되며, 투렛 치료 전문가들의 리스트 제공을 제안 받게 됩니다.

셋째, 우리는 부모님들에게 의사 소견을 듣고 전문가 소개도 받을 수 있도록 일반의사에게 찾아갈 것을 권유하게 됩니다. 이 세 번째 단계는 때때로 문제의 소지가 있을 수도 있습니다. 투렛 증후 군에 대해 정확히 알지 못하는 의사의 경우에는 '그건 투렛증후군 이 아니에요. 욕설을 하진 않잖아요?'라고 말할 수도 있기 때문입 니다. 하지만 최선의 경우는 투렛 증후군에 대해 아이와 가족에게 조언을 해줄 수 있고 투렛을 받아들이고 관리하는 여정에 도움을 줄 수 있는 전문가를 소개받는 것입니다.

이 책은 투렛 증후군에 관한 미신과 잘못 알려진 사실들을 떨 쳐 버릴 수 있도록 도움을 줄 것입니다. 이 책은 틱과 투렛 증후군 이 무엇인지, 그것이 어떻게 나타나고 확실한 진단을 위해 어떻게 해야 할지에 대해 분명한 지침을 제공합니다.

투렛 증후군이 있는 자녀의 부모님들의 경우, 그들의 자녀에 게 무슨 일이 일어나고 있는지 이해하기 위해서 진단을 받는다는 것은 커다란 안도이기도 하지만 한편으로는 혼란스러운 새로운 여 정의 시작이기도 합니다.

여러분들이 이 책을 통해 학습하게 되겠지만 투렛 증후군을 위한 특정 치료법이 있는 것은 아닙니다. 증상을 완화하고 도울 수 있는 치료법은 풍부합니다. 하지만 그 어떤 치료법이 그러하듯 부 작용이 있을 수도 있습니다.

이 책은 각 치료의 장점과 단점뿐 아니라 나아가 더 중요한 심리학적 치료요법에 대한 논의를 함으로써 무엇이 독자 여러분들 에게 맞는지에 대한 좀더 나은 이해를 돕고 틱과 투렛이라는 미로 를 통과함에 있어 인내하실 수 있도록 가이드 역할을 해줄 것입 니다.

투렛 증후군은 투렛만 독자적으로 발현하는 경우는 드문데,

독자 여러분들은 이 책을 통해 투렛 증후군과 자주 동반되는 다른 증상들에 대해 배우고 이해하게 되며 아마 이들 증상들에 대한 해결책들도 찾을 수 있게 될 것입니다.

제가 이 책의 초안을 처음 읽었을 때 저는 왜 이런 출판물이 이미 시중에 존재하고 있지 않았는지 의아했었습니다. 여기 투렛 증후군을 가진 사람들과 엄청나게 오랜 시간을 보낸 전문가들인 저자들에 의해 최대한 어렵지 않도록 쓰여진 이 책 한 권이 바로 독자 여러분들이 투렛 증후군에 대한 기본 지식과 이해를 학습하는데 필요한 전부라고 해도 과언이 아닐 것입니다. 그리고 이러한 지식은 투렛 증후군을 대하고 돌보는 전문가들과 가족들에게 엄청나게 중요한 지식이 될 것입니다.

저는 이런 책이 드디어 존재하게 되었음을 매우 기쁘게 생각하며, 이 책이 이 세상의 모든 걱정에 잠긴 부모님들뿐만 아니라 일반 의사분들, 그리고 투렛 증후군이 있는 분들을 지원하는 자리에 있는 모든 분들의 필독 도서목록에 올라 읽혀지기를 바랍니다.

Suzanne Dobson Chief Executive of Tourettes Action UK
(영국 투렛 액션 협회장)

감사의 말씀

지난 20년 넘는 기간동안 다양한 클리닉과 지지그룹에서 만났던 모든 어린이들과 부모님들께 감사를 드리고 싶습니다.

제가 만난 가족들과 함께 일하면서 저는 너무나 많은 것을 배웠고 또 지금도 배우고 있습니다.

2016년 4월

저자 Uttom Chowdhury

감사의 말씀

이 책의 초안을 친절하게 검토해주시고 피드백으로 엄청난 도움을 주신 Kate McCullagh와 Zeeniya Bryan, 학부모님들께 감사를 표하고 싶습니다.

또한 책의 본문을 검토해주신 Suzanne Dobson께도 감사하며 이곳 영국에서 틱 장애를 위한 치료의 발달을 위해 노력해주시는 투렛 협회에도 감사를 드립니다.

여전히 많은 일들이 남아 있음에도 불구하고 우리는 먼 길을 걸어 여기까지 왔습니다.

저는 학계의 제 동료들에게도 그간의 협력뿐 아니라 투렛 증후군의 연구에 함께 진전해 주심에 대해 깊은 감사를 드립니다. 이들 동료들로부터 저는 배움을 얻었고 자신감을 얻었습니다. Great Ormond Street 병원의 우리 팀에도 깊은 감사를 드립니다. 특히 제게 많은 가르침을 주었고 지금도 배움을 얻고 있는 제 친구이자 동료교수인 아동 정신과 전문의인 Isobel Heyman에게도 깊은 감사를 표합니다.

하지만 이 책을 위한 주요한 영감은 Great Ormond Street 병원 NHS 재단 투렛 증후군 클리닉의 어린이들과 가족들로부터 받은 것입니다. 이 어린이들과 가족들은 제게 정말 많은 가르침을 주었으며 이 모든 것을 가치 있게 만들어 주었습니다.

마지막으로, 제게 영감과 사랑을 주는 제 남편 Damon Millar에게도 감사함을 전합니다.

2016년 4월

저자 Tara Murphy

전문가 추천 말씀

투렛 증후군과 함께 살아가는 것이 어떤 것인지를 이해하는 것이 항상 쉬운 것은 아닙니다. 포괄적이면서도 접근하기 쉬운 이 책은 주요 임상적 특성들, 관리 전략들, 그리고 일상생활에 도입할 수 있는 내용들에 대해 밝혀줍니다. 이 책의 저자들은 투렛 증후군 환자들과 그들의 가족들뿐 아니라 전문가들과 투렛 증후군에 대해 알아야 하는 선생님들을 위한 매우 유용한 자료들을 모으는 훌륭한 일을 해내었습니다.

－ Dr. Andrea E. Cavanna, 행동신경학 자문가

Uttom Chowdhury와 Tara Murphy는 투렛 증후군에 의해 영향을 받는 어린이들과 가족들을 돌보는데 많은 시간을 헌신해 왔고 많은 다른 임상의들을 훈련해 왔습니다. 이 책은 의학적 문헌과 그들의 경험, 그리고 가정과 교실에서의 도전과 처치방법을 합쳐놓은 것입니다. 이 책은 부모님들과 전문가들 모두에게 가치 있는 자원이 될 것입니다.

－ Dr. Jeremy Stern, 신경학자이자 메디컬 디렉터
(영국 투렛 액션)

경험 많은 임상의들이 집필한 이 책은 가족들이 틱과 함께 살고 틱을 받아들일 수 있도록 도울 수 있는 좋은 책입니다. 동시에 이 책은 부모님들이 전문적 충고를 잘 활용하도록 길잡이 역할을 제공하고 그들의 자녀를 위한 평가와 치료의 높은 기준을 기대할

수 있도록 만들었습니다. 이 책은 틱과 투렛 증후군의 신경학적 기초를 설명하고 있지만 일반적이지 않은 증상에 대한 과도한 몰입은 피하고 있습니다. 이 책은 또한 의사들이 틱과 투렛 증후군에 대해 모든 답을 가지고 있다는 착각도 완화시켜 주었습니다. 대신에 이 책은 가족들이 그들이 필요한 도움을 찾고 접근할 수 있도록 배우는 것을 강조하고 있습니다. 이 과정의 일부는 그들 자녀의 어려움은 어쩌면 틱 자체가 아닐 수도 있으며 불안감이나 학습장애 같은 틱과 관련된 문제일 수도 있다는 것을 깨닫는 것입니다. "지식이 힘이다"는 이 책의 반복적인 메시지가 가족들을 위한 실용적인 팁으로 제공되고 있는 것입니다.

― Isobel Heyman 교수, 국립 투렛 증후군 클리닉,
Great Ormond Street 병원, 런던

역자가 투렛 증후군이 있는 아동과 부모님들을 처음 상담하게 된 것은 하바드대학교에서 인간발달 및 심리 전공으로 석사과정에 있을 때였습니다. 당시 캠브리지 교육청의 연구원으로서 연구에 참여하시는 지역의 수많은 다문화가정 부모님들과 빈번한 교류를 하게 되었습니다. 역자 역시 미국 사회에서는 소수그룹에 속하는 유색인종이었으므로 이를 편안하게 느끼신 많은 다문화가정 부모님들은 자녀의 교육문제뿐 아니라 다른 여러 가지 복잡한 문제들을 상담해오셨습니다.

그 과정에서 자연스럽게 자녀의 틱이나 투렛 증후군으로 고민을 하시던 부모님들도 만나게 되었고, 당시에는 미국 사회에서도 다문화가정 부모님들이 다양한 정보를 쉽게 접하기 어렵던 상황이었으므로 도움이 되는 정보를 찾아드리고 함께 지원을 찾아 나서면서 자연스럽게 틱과 투렛 증후군을 알아가게 되었습니다.

시간이 흘러 역자는 고등교육 교육자로서 여전히 틱과 관련한 문제로 고민하는 부모님들과 가족들의 고민을 들어드리고 함께 교육적 지원방법을 찾아왔지만 여전히 틱에 대한 검증되지 않은 '신화'는 난무하고 부모님들이 진정으로 기댈 수 있는 지원은 부족한 것을 느낍니다. 그리고 이런 상황은 우리 한국 사회도 별반 다르지 않기에 더 안타까움을 느낍니다.

틱은 스펙트럼이 광범위하기 때문에 일반인은 알아차리기 힘든 아주 경미한 징후를 보이는 아동부터 음성 틱과 운동성 틱이 심해서 한 눈에 일반인들의 시선을 받는 아동까지, 그 징후와 증세도 정말 다양합니다. 또한 유전적인 영향에 근거한 틱도 있지만 급격히 변하는 환경의 영향에 근거한 틱이 늘고 있는 추세라 틱의 원인도 다양할 수밖에 없습니다. 우리 어린이들에게 전혀 친절하지 않은 우리의 현 환경이 틱을 더 증가시키고 있다고 해도 과언이 아닌 현 상황은 우리 어른들이 만든 것입니다.

이런 상황에서 의학정보는 쏟아지지만 막상 틱 증상이 있는 자녀를 둔 부모님들은 편히 상담받을 곳조차 찾지 못해 방황하는 아이러니한 현실입니다. 자녀가 틱 증상을 보이면 부모님들은 주위에서 신경정신과 방문을 추천받지만 소위 그 분야 전문이라고 추천받는 대학병원은 몇 달을 대기해야 하는 것이 우리의 현 주소라고 부모님들은 한숨을 내쉬십니다. 상황이 이러하니 틱에 대한 최신 연구나 서적을 부모님들이 쉽게 찾는 것도 어렵게 됩니다. 막상 찾은 의학논문과 의학서적은 너무 이해하기가 어렵다는 하소연도 듣게 됩니다.

비록 지역에서나마 부모님들이 서로 의지할 수 있는 서포트 그룹을 만드시도록 도와드려야겠다고 생각하고 연구실에 구비할 서적들을 찾고 있을 때 마침 발견한 것이 바로 이 책입니다. 틱의 전문가가 썼지만 지나치게 의학적이지도 않고 지나치게 '선생님들을 위한 가이드 북'처럼 간단하지만도 않은 쉽게 손이 가는 책, 이 책의 저자들은 과거에도 관련 주제로 많은 집필을 하였기에 저자들에 대한 신뢰도도 컸습니다.

부디 이 책이 자녀의 첫 틱 증상으로 고민이 많으신 부모님들이나 틱 증세를 보이는 아동을 학교에서 보시고 보다 더 잘 이해하고 싶으신 선생님들께 도움이 되기를 바랍니다. 우리 인간은 그 누구도 완벽할 수 없습니다. 우리 소중한 아이들이 좀더 행복하고 좀더 편안할 수 있도록 우리 어른들이 함께 마음을 다해 지켜줄 수 있기를 기도합니다.

　　이 번역서가 나올 수 있도록 마음을 다해 도와주신 노현 대표님과 우석진 선생님을 비롯한 박영사 관계자 여러분들, 그리고 이 작업을 시작할 용기를 주고 전 과정을 저와 함께 해준 김세헌 군에게 진심으로 감사드립니다.

2021년 4월

역자 배상

차 례

PART 01
틱과 투렛 증후군

PART 02
관 리

틱과 투렛 증후군

># 틱이란 무엇인가?

어떤 틱이든 가장 주된 특성은 의도치 않는 빠르고 반복적이며 리드미컬하지만은 않은 움직임이나 소리를 동반한다는 것이다. 이때 움직임을 양산하는 틱은 운동성 틱(motor tics), 소리를 양산하는 틱은 음성 틱(vocal tics)이라고 한다. 틱은 갑작스럽고 목적성 없으며 무의미한 행동이다. 틱의 스펙트럼, 즉 틱의 범위에 있어서 그 범위의 한 끝에 단순한 한 가지 운동성 틱 또는 음성 틱을 짧게 일시적 틱을 하는 어린이들이 있다고 한다면, 그 범위의 다른 한 끝에는 전형적으로 투렛 증후군(Tourette Syndrome)으로 일컬어지는 만성적인 다양한 종류의 틱을 하는 어린이들이 있다고 할 수 있다. 투렛 증후군은 적어도 일년 또는 그 이상 지속되는 다양한 운동성 틱과 적어도 하나 이상의 음성 틱의 증상을 보이는 것을 말한다. 틱의 스펙트럼은 다음과 같이 나타낼 수 있다.

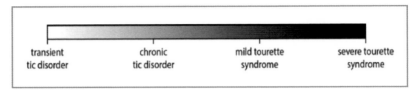

| transient tic disorder | chronic tic disorder | mild tourette syndrome | severe tourette syndrome |

[그림 1-1] 틱의 스펙트럼

　　좀더 자세히 묘사하기 위해 분류를 해보자면 틱은 단순한 틱과 복합적 틱으로 나눌 수 있다. 단순한 운동성 틱은 빠르고 의미가 없으며 눈 깜빡임(eye blinking)이나 얼굴 찡그림(grimacing), 그리고 어깨 움츠리기(shoulder shrugging)를 포함한다. 복합적 운동성 틱은 느린 경향이 있고 몇 가지 근육성 움직임을 포함할 수 있으며 마치 목적 있는 동작인 듯 보일 수도 있다. 복합적 운동성 틱은 깡충깡충 뛰기(hopping), 입맞추기(kissing), 물건 만지기(touching), 다른 사람들의 움직임을 모방하는 모방성 반향동작(echopraxia), 그리고 욕설 행동증(copropraxia), 외설적 몸짓(obscene gestures) 등을 포함한다.

　　단순 음성 틱은 코 훌쩍임이나 킁킁거림(sniffing), 기침(coughing), 목가다듬기(clearing one's throat)와 휘파람 같은 소리내기(whistling)가 있을 수 있으며, 복합적 음성 틱은 특정 단어나 어휘구의 반복이나 음절의 반복 등을 포함한다. 가장 많이 알려져 있지만 드물게 보이는 음성 틱 중에는 강박적 외설증도 있는데 이는 외설적이거나 사회적으로 용납되기 어려운 단어나 어휘구를 반복적으로 사용하는 것을 일컫는다. 틱은 우리 몸의 거의 모든 부분에서 나타날 수 있다는 것을 인지할 필요가 있다. 다음에서 설명하는 <표 1>은 가장 흔한 틱의 종류를 기술하고 있다.

형태	운동성 틱	음성 틱
단순형	눈 깜빡임 찡그림 입술 내밀기 머리 돌리기 어깨 움츠림 찌푸리거나 인상 쓰기 팔다리의 반사적 흔들림 복근 긴장	목가다듬기 기침 훌쩍임 휘파람부는 듯한 소리내기 쉿쉿하는 소리내기 끙끙대는 소리내기 동물 소리
복합형	깡충깡충 뛰기 손뼉 치기 쪼그리고 앉기 물건 만지기 입맞춤하기 옷 잡아당기기 모방성 반향동작 욕설 행동증	단어나 어휘구 반복 특이한 리듬이나 톤 또는 크기 특이한 억양 흉내 강박적 외설증(욕설, 음담)

일시적 틱

일시적 틱은 단지 몇 주 또는 몇 달간만 지속되는 틱이다. 물론 이때 틱이 나타나는 신체 위치가 다양할 수도 있지만 주로 얼굴과 목에 제한되는 경향이 있다. 운동성 틱이 가장 흔한 틱의 양상이지만 때로는 음성 틱이 나타나기도 한다. 이런 단순형 틱은 '일시적(잠정적) 틱 장애(provisional tic disorder)'라고 불리기도 한다.

틱이 나타나는 연령은 보통 3세에서 10세로 알려져 있으며 남자 아이들이 여자 아이들보다 더 영향을 받는 것으로 알려져 있다. 물론 의학적 정의로는 단순형 틱은 일 년 이상 지속되지 않는다고 하지만, 몇 년 간의 기간 동안 일련의 단순형 틱을 보이는 아동들도 있다. 단순형 틱은 매우 보편적이며, 현존하는 연구들은 10세 이하 아동의 18%가 틱을 경험한다고 보고하기도 한다. 이런 일시적 단순 형태의 틱은 아동의 일상생활에 그렇게 영향을 주지 않으며, 많은 경우 틱임을 인지하지 못한 체 거쳐 가기도 한다.

지속적 운동 틱 또는 음성 틱

지속적 틱은 눈 깜박임, 훌쩍임 또는 목 움직임 등이 일 년 이상 발생하며, 일시적 틱과 다르게 같은 틱들이 끊임없이 지속되는 경향을 보인다. Scharf와 그의 동료 연구자들에 의하면 1%에서 3%에 해당하는 어린이들이 지속적 틱의 징후를 나타낸다고 한다 (Scharf 외, 2012).

투렛 증후군(다수의 운동성 틱과 음성 틱의 복합체)

투렛 증후군이라는 명칭은 19세기 프랑스 파리의 신경과전문의인 Georges Albert Édouard Brutus Gilles de la Tourette에 기원한다(Robertson, 2015). 개인이 다수의 운동성 틱과 하나 또는 그 이상의 음성 틱을 일정시간 동안 나타낼 때 투렛 증후군으로 진단한다. 이때 운동성 틱과 음성 틱을 동시에 하는 경우만 투렛 증후군에 해당되는 것은 아니다. 또한 이때 틱 증상은 하루에 수없이 나타날 수도 있으며 거의 매일 때때로 나타날 수도 있다.

투렛 증후군은 18세 이전의 아동기에 주로 발현한다고 알려져 있다. 6세경에 대부분 시작한다고 하지만 그보다 더 일찍 시작하는 아동들도 있다. 전형적으로 운동성 틱들을 처음 나타내고 이후 음성 틱을 나타내는 경향이 있다. 이때 틱은 보통 눈과 얼굴에서 시작하는데, 눈 깜빡임이 가장 흔한 증세이며 차후 몸 아래쪽으로 진행되는데 발가락에도 틱이 나타날 수 있다.

Chapter 2

징후 및 증상

　전형적으로 투렛 증후군의 시작은 다른 신경발달장애들과 마찬가지로 6세에서 7세경에 발현되는 것으로 알려져 있으며, 남자 아이들에게서 가장 많이 발생한다. 투렛 증후군은 과거에는 매우 드물게 발생하는 것으로 여겨졌으나, 근래에는 많은 연구들이 아동기의 0.7%에 달할 정도의 출현율을 보이는 것으로 보고하고 있다.

　투렛 증후군의 임상 역사를 보면 투렛 증후군은 보통 그 심각도와 빈도에 있어 변동을 거듭하는 증상으로 일컬어진다. 이런 양식은 아동이 어떤 특정 상황에서만 틱을 하는 것처럼 보여 혼란을 초래할 수 있다. 하지만 틱은 '나타났다 사라졌다'를 반복하는 불안정하고 변동적인 특성을 가지고 있다. 투렛 증후군이 있는 아동은 다양한 운동성 틱과 음성 틱을 나타내는 경향이 있지만, 많은 투렛 증후군 전문가들이 말하듯 머리와 목 부분의 틱이 가장 흔한 것으로 보고되고 있다.

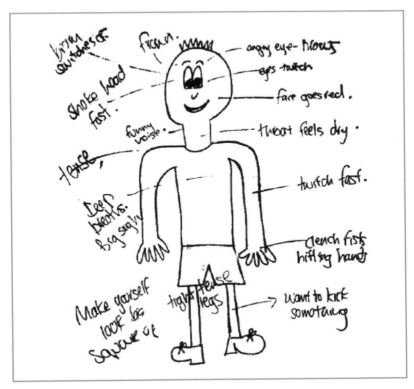

[그림 2-1] 운동성 틱과 음성 틱

　　외설적이거나 사회적으로 수용되기 어려운 언어사용을 하는 경우를 일컫는 강박적 외설증 같은 사례는 어린 아동들에게서는 매우 드물게 나타나며, 투렛 증후군을 가진 소수의 어른들에게서만 발생하는 것으로 알려져 있다(Cavanna 외, 2013).
　　이외에도 보편적이지는 않으나 드물게 나타나는 증상으로 다음과 같은 증상들이 있다.

　• 욕설 행동증(copropraxia): 음란하고 외설적이거나 터무니없는 몸짓

- 외설적 글쓰기(coprographia): 외설적인 단어를 쓰려는 충동증
- 반향언어/음성모방(echolalia): 다른 사람의 말을 따라하는 증상
- 반향동작(echopraxia): 다른 사람의 동작을 따라하는 증상
- 음성반복증(paliphenomena): 단어, 어휘 또는 소리를 반복하는 증상

이외에도 흔하지만 드물게 문의되는 틱 중에 발가락 틱 같은 경우에는 다른 사람들이 알아채기는 어려우나 당사자 아동에게는 힘든 틱이다. 틱은 어떤 근육에서도 발생할 수 있는 현상이기 때문에 어떤 어린이들은 고통스러운 복부 틱을 호소하기도 한다.

침 뱉기 역시 침이 너무 많이 고인 느낌이 들거나 이와 관련된 불안이나 공포증으로 인해 입속의 세균을 뱉어내야 한다는 느낌으로 인해 발생하는 틱이다. 이런 틱은 보편적이지는 않지만 분명한 틱의 일종이라 할 수 있다.

전조감각

틱과 투렛 증후군을 앓는 많은 사람들이 틱 자체와는 별개로 틱에 앞선 '전조적 느낌'이나 감각을 묘사한다. 이런 감각은 틱을 하기 전에 나타나는데, 주로 긴급하거나 충동성을 느끼며 긴장되기도 하고 가렵거나 따끔거리거나 저리는 느낌으로도 표현된다(Kurlan 외, 1989). 만약에 이런 전조감각을 느낄 때 틱을 하지 못하도록 저지하게 되면 감각적 충동성에 있어서 오히려 일시적 증가가 나타날 수 있다. 일반적으로 일단 틱을 하고나면 그런 감각적 충동성이 감소됨으로써 심리적 안정감을 느낀다고 보고되고 있다. 틱을 함으로써 '편안한' 상태에 이를 수 있다는 틱의 필요성을 보

고하는 어린이들도 있는데 이를 전조감각에 따른 반응으로 보기도
한다.

암시 감음성(感應性)

　　많은 어린이들과 청소년들은 틱을 하는 다른 사람들을 보거나
틱에 대한 묘사 이야기를 들을 때 틱을 하고 싶은 충동을 느낀다
고 보고하고 있다. 따라서 틱을 하는 많은 사람들에게는 틱에 대한
이야기만으로도 틱을 유발할 수 있는 촉발제가 되기에 충분하다.
따라서 병원이나 클리닉에서 의사가 틱의 종류에 대해 언급할 때
아동에게 특정 틱을 하고자 하는 충동이 생길 수 있음을 인지할
필요가 있다.

틱 조절

　　많은 어린이들은 짧은 시간 동안 틱을 억제할 수 있다. 이런
현상은 어린이들이 학교 같은 특정 정소에 있을 때 의식적으로 참
는 행동으로 학습된 행동이다. 하지만 이렇게 틱을 조절하는 데는
어느 정도의 긴장이 동반된다.
　　우리 틱 전문가들은 가족들에게 이런 틱 조절 현상은 눈 깜빡
임과 같은 현상이라고 설명하기도 한다. 일반적으로 사람들은 눈 깜
빡임을 잠시 멈추고 몇 초간 아니면 일, 이분 간 눈 깜빡임 없이 눈
을 계속 뜨고 있을 수는 있다. 하지만 계속 이 상태를 유지할 수는
없으며 곧 다시 눈을 깜빡이게 된다. 틱도 마찬가지인 셈이다. 연습
으로 조절될 수도 있지만 매우 어려운 일이다. 많은 연습으로 어느

정도 틱을 조절할 수도 있지만 단지 부분적일 뿐이라는 것이다.

이에 관해서는 틱의 심리학적 치료법에 관해 논하는 제5장에서 좀더 자세하게 기술할 것이다. 많은 경우 틱 조절은 아동이 학교에서 시간을 보내거나 특정 수업시간의 경우에 일어난다. 따라서 아동이 학교에서 하교해서 집으로 돌아왔을 때 틱을 폭발적으로 하는 것이 놀라운 일은 아니다. 아마도 학교에서 하루 종일 틱을 억누르고 있었을 것이고 집으로 와서는 이것을 계속 조절할 에너지가 바닥이 났을 것이다. 또한 아마도 학교 친구들이나 선생님들로부터 듣게 될 수도 있는 놀림이나 틱에 대한 이야기, 또는 원하지 않는 관심과 주목 등과 같은 틱을 억누르게 하는 강화요소들에서 벗어난 해방감도 있을 것이라는 것을 이해해야 한다.

스트레스와 휴식

스트레스가 틱의 발병원인은 아니라 하더라도 틱을 악화시킬수는 있다. 특정 수업이나 시험 전 같은 상황들이 이런 경우에 해당될 수 있다. 아동이 들뜨거나 흥분할 때 또한 틱이 좀더 확연하게 드러날 수 있다. 생일이나 특별한 이벤트 기간에 좀더 심각하다는 보고도 많다.

역설적으로 아동이 편안한 상태에 있을 때 틱이 좀더 확연할 수도 있다. 앞에서 언급한 바와 같이 아동은 학교에 있을 때 틱을 참는 경우가 많다. 따라서 집에 왔을 때 좀더 편안한 환경에 처함으로써 틱을 발산하는 것이다. 만약 자녀가 집에서 틱을 하면 편안하게 느낀다는 좋은 징조이기도 하다. 틱 증상이 있는 아동을 대상으로 틱을 하는 아동에게서 보이는 다양한 틱에 대한 언급은 하지 않는 것이 오히려 도움이 된다는 것을 이해할 필요가 있다.

틱 증상이 있는 많은 아동들은 두통을 자주 호소하기도 한다. 이는 틱을 참느라 긴장하는 것과도 연관이 있을 수 있고, 머리와 목을 움직이는 운동성 틱으로 인한 머리와 목의 빈번한 움직임과 직접적인 연관이 있을 수도 있다. 틱 관련 증상에 사용되는 약이 두통을 유발할 수도 있는데 이때는 반드시 의사와 상담을 하는 것이 좋다.

틱은 사춘기에 이를 때까지와 사춘기 때 최고조로 증가하고 이후 초기 청년기에 들어서면서 상대적으로 안정적인 정체기에 도달한다고 알려져 있다. Pappert 외 연구자들(2003)의 장기간 연구에 의하면 아동기에 투렛 증후군을 경험했던 청년집단을 대상으로 하여 이들이 치료를 받은 몇 년 후 연구조사를 했을 때, 이들 대부분이 틱 증상이 더 이상 없는 것으로 보고했다고 한다. 물론 주관적인 판단을 조사한 연구이므로 이들의 주관적 판단이 아주 정확할 수는 없다고 할 수도 있고 미약한 형태로나마 틱 증상이 계속 있는 젊은이들도 있었다고 하지만, 이런 경우에도 중요한 사실은 이들이 틱 증상이 있는 것을 부정하는 것이 아니라 틱의 상황에 적응하고 드물게 인지하게 되었다는 사실이다. 물론 성인으로서의 삶에 틱이 미치는 영향이나 불편함의 정도가 어린 시절보다 훨씬 낮은 것도 한 원인일 수 있다.

신경발달 장애 스펙트럼 일부로서의 틱

저자들의 치료센터에서 저자들은 틱 증상이 있는 아동들과 이와 함께 틱과 관련해 부수적으로 함께 발생하는 다양한 증상들을 가진 아동들을 자주 만나게 된다. 이 부분은 이 책의 PART 3에서 더 자세하게 언급되겠지만 틱과 함께 발생하는 증상들은 강박적인 행동(obsessive compulsive behaviour), 주의력 문제(attention problems), 통합운동장애(dyspraxia), 사회적 기술 부족 문제(social skills deficits) 등을 포함한다. 때로는 이들 증상이 정확히 진단되지 않을 수도 있지만 그럼에도 불구하고 이런 증상들을 가지고 그로인해 어려움을 겪기도 한다. 따라서 부모님들과 선생님들은 아동들의 틱 증상에 대해서 뿐 아니라 그와 함께 발생할 수 있는 어려움들에 대해서도 잘 인지하고 있는 것이 중요하다. 우리는 이런 증상들을 '복합 신경발달 증상'이라 부르기도 한다. 아동과 청소년들을 치료하는 정신건강 의료원에는 이런 복합증상을 보이는 많은 아동들이 내원하는데, 만약 의료진들이 이에 대해 자세히 묻지 않는다면 간과하기 쉬울 수도 있음을 유의해야 한다.

평가

의학적 증상의 진단은 대상 아동이 일시적 틱인지, 만성적인 틱인지, 또는 투렛 증후군인지에 따라 결정되어야 한다. 틱의 심각성과 빈도, 촉발요인과 해소요인들이 모두 기록되어야 한다. 주의력결핍과잉행동장애(ADHD: Attention Deficit Hyperactivity Disorder)와 강박증(OCD: Obsessive Compulsive Disorder)같은 부가 증세 역시 PART 3 부분에 설명하듯 가족과 의논해야 한다. 아동이 가정과 학교에서의 일상 기능과 관련하여 틱에 어떻게 영향을 받는지 문의하는 것도 중요하며 아동의 자존감에 대해서도 문의하여야 한다. 틱이나 강박증(OCD)의 가족력 역시 기록되어야 한다.

주의력결핍과잉행동장애(ADHD)가 있는 아동 중 일부 아동은 자극이 되는 약을 복용함으로써 틱이 촉발되거나 악화되기도 하는 만큼 자세한 약물치료 기록이 특히 중요하다. 아동이 틱을 하게 하는 촉발제가 되는 유형들을 이해하는 것도 도움이 된다. 보통 틱을 촉발한다고 많이 알려져 있는 촉발유형의 예는 컴퓨터 게임이나 TV 시청, 영화관같이 익숙하지 않은 조용한 상황에서 불안을 느낄 때, 또는 숙제를 하는 동안 등이다.

이와 유사하게, 틱이 줄어드는 것과 관련 있는 것으로 보이는 환경을 이해하는 것도 도움이 된다. 틱을 덜 하는 예로 알려져 있는 경우는 아동이 활동에 집중했을 때, 학교에서나 학급에서, 또는 악기를 연주할 때 등이다. [그림 2−2]는 실제로 투렛 증후군이 있는 아동들에 의해서 기술된 특정 요인들을 정리한 것이다.

틱을 덜하게 되는 상황	틱이 발현되는 상황
• 모두가 알 때 • 사람들이 이해할 때 • 사람들이 놀리지 않을 때 • 친구들 중 한 명만 알 때 • 의사선생님 면담	• 무대에 섰을 때 • 당황했을 때 • 사람들이 놀릴 때 • 사람들이 심술궂을 때 • 사람들이 "너 뭐하는 거니?" 라고 물을 때 • 상상할 때 • 잠잘 때 • 컴퓨터 할 때 • 흥분했을 때 • 걱정했을 때

[그림 2-2] 틱을 덜하게 되는 상황과 하게 되는 상황

아동평가 시 학교생활과 관련해 물어볼 가치가 있는 내용은 왕따나 놀림이 있는지를 포함한 질문이 반드시 있어야하며, 아동의 학업능력에 관해서도 도움이 필요한지를 알기위해 물어볼 필요

가 있다. 실제로 투렛 증후군에 있어서의 평가는 정신감정평가와 아동의 신경학적 검진으로 비로소 완료된다. 아동의 그간 병력과 신경학적 검진은 <표 2-1>에 기술되었듯이 자발성안면마비 또는 몸의 일부가 갑자기 제멋대로 움직이거나 경련을 일으키는 현상인 무도병 같은 다른 동작장애로부터 틱을 구별해내는데 도움을 준다.

〈표 2-1〉 틱과 구분되는 다른 동작 장애

무정위운동증 (Athetosis)	• 주로 사지의 말단에 일어나는 불규칙적이고 불수의적인 운동 • 어린이의 뇌장애가 원인이 되어 손발 끝이 꿈틀꿈틀 움직이는 증상
발리스무스 (Ballismus)	• 빠르고 큰 진폭의 거의 내던지는 움직임 • 사상하핵과 섬유결합이 파괴되어 근위하지근이 수축되어 일어나며 다리를 내던지는 것과 같은 격한 동작을 함
무도증 (Chorea)	• 무작위로 흐르듯 움직이는 불수의적이고 불규칙적이며 목적 없는 움직임 • 춤추는 것처럼 보이며 몸중심부보다 말단부위 근육에 영향을 미치는 움직임 • 몸의 일부가 갑자기 제멋대로 움직이거나 경련을 일으키는 증상
근육긴장이상 (Dystonia)	• 몸을 꼬거나 쥐어짜는 듯한 움직임을 초래하는 불수의적 일관된 근육수축으로서 몸의 자세에 영향을 미치는 증상 • 지속적인 근육수축에 의해 신체의 일부가 꼬이거나 반복적인 운동이나 비정상적인 자세를 보이는 등의 증상을 총칭
근육간대경련 (Myoclonus)	• 근육수축 또는 근긴장의 손실에 근거한 갑작스런 간단한 근육 움직임 • 돌발적이며 짧고 전기충격과 같은 형태의 순간적인 근육의 수축 또는 근긴장도가 저하되는 현상

지연성운동장애 (Tardive Dyskinesia)	• 신경이완제 약물의 장기복용의 부작용과 관련된 불수의적인 느린 꼬는 움직임 • 항정신병제, 항파킨슨병제의 장기복용으로 일어나는 불수의운동으로 입을 우물거리는 등 목에서 위 부위에 발병하는 경우가 많음
진전 (Tremor)	• 하나 또는 그 이상의 초점을 중심으로 한 율동적 진동 • 율동적, 규칙적으로 나타나는 진동운동 떨림

틱을 다른 운동장애로부터 구별하는 주요 요소는 다음과 같다.

• 증세가 있다가 없기도 한다.
• 틱의 해부학상 위치에는 다양성이 있다.
• 틱은 일시적으로 억누를 수 있다.
• 때로는 전조적 절박함과 관련되어있다.

일반적으로 아동과 청소년은 병원방문 시 병원에서는 틱을 억누르는 경우가 많기 때문에 진료 후 진료실을 떠날 때나 복도에 들어설 때 자세히 관찰하는 것이 도움이 된다. 부모님에게 언제 그리고 어떻게 틱이 나타나는지, 그리고 특별히 빈번하고 힘든 틱은 무엇인지에 대한 기록을 한 기록일지나 상황을 찍은 비디오를 가져오도록 하는 것도 도움이 된다. 단 오랜 시간 동안 기록하도록 장려하는 것은 오히려 가족이 아동의 틱만 강조하게 만들거나 틱에 대한 가족의 집중을 과하게 강조하게 되므로 도움이 안 된다는 것을 유념할 필요가 있다.

틱 진단을 분명히 하는 것을 도울 뿐 아니라 과정을 점검하고 연구에도 도움이 되는 평가도구가 몇 가지 있다. 영국에서 가장 많이 쓰이고 타당도가 높은 평가도구는 YGTSS(Yale Global Tic Severity Scale)로서 운동성 틱과 음성 틱의 정도와 장애에 대한 분리된 척도로 사용하는 것이 가능하다(Leckman 외, 1989). 아동을 평가하기 전 부모님이 작성하도록 하는 부모님 대상의 틱 질문지(Parent Tic Questionnaire)와 같이 부모 대상의 간단한 질문지도 있다(Chang 외, 2009).

또한 뇌전도검사인 EEG(Electro Encephalogram)과 자기공명영상법인 MRI(Magnetic Resonance Imagine)와 같은 신경방사선학적 검사도 있다. 만약 인체 내 구리의 대사 이상으로 구리가 간, 뇌, 안구 등에 침착함으로써 생기는 질환인 윌슨병(Wilson's Disease)이 의심되면 혈청동 검사가 필요하다. 이런 경우 외에는 투렛 증후군 진단에 있어 피검사는 사실상 도움이 되지 않는다. 투렛 증후군을 진단하는 전문가들에게 도움이 되는 자세한 설명은 투렛 증후군이 있는 아동과 어른을 위한 유럽 가이드에 자세히 나와 있다(Cath 외, 2011).

감별진단

감별진단은 증세가 유사한 특징이 있는 질병을 비교하여 초진시 병명을 확인하는 진단법이다. 다시 말해 모든 증상이나 검사결과 등, 환자에 대해 얻은 모든 정보를 기초로 해서 이들 정보에서 도출되는 모든 질환들을 비교, 감별함으로써 가장 합리적으로 판단되는 질환을 감별하는 작업을 감별진단이라 일컫는다. 질환의 경과에 따라 정확한 진단을 내리기 어려운 경우에는 임시 진단을 내리고 충분한 정보를 얻은 후 수정해가며 감별해야 할 질병을 제외해 나가는 것이다.

틱의 증세가 발현된 후 그간의 경과만 잘 알아보아도 틱을 다른 장애와 구별해 진단하는 것이 가능하다. 틱과 관련된 신경정신병학적 장애는 자폐증(Autism), 주의력결핍과잉행동장애(ADHD: Attention Deficit Hyperactivity Disorder), 강박증(OCD: Obsessive Compulsive Disorder), 조현병(Schizophrenia), 그리고 지적장애가 있다. 다른 질환들 중 유전적 요인이 분명한 질환으로는 헌팅턴병(Huntington's Chorea), 윌슨병(Wilson's Disease), 또는 충격에 의해 일시적으로 일어나는 운동성 틱, 뇌염(Encephalitis), 또는 시드남무도병(Sydenham's Chorea)도 고려할 수 있다. 때로는 약물이 틱을 초래할 수도 있고 악화시킬 수도 있다. 이렇게 틱을 초래하거나 악화시키는 것으로 알려진 약물에는 흥분제, 항정신병약, 항우울제, 항간질제 등이 포함되는 것으로 알려져 있다.

Chapter 3

틱의 원인

정확한 원인은 밝혀지지 않았지만 몇몇 연구들은 투렛 증후군이 유전성 질환으로서 신경전달에 영향을 미치는 발달적 장애라고 보고하고 있다. 신경전달과 관련하여 이에 영향을 미치는 발달 장애는 뇌의 복잡한 경로에 변화를 일으키는 결과를 초래한다(Felling 외, 2011). 투렛 증후군을 발달적 장애로 보는 연구자들은 투렛 증후군이 있는 사람들은 뇌회로의 구조적이고 기능적인 변화와 관련해 틱이 발현하기 쉬운 유전적 취약함을 아마도 가지고 있을 확률이 높을 것이라고 제시한다.

유전

한 가족 내에서 몇 사람이 틱을 앓는 경우를 자주 보기도 한다. 가족구성원 내에 틱의 발현은 한 세대 또는 두 세대를 건너뛰기도 하지만, 클리닉에서 마주하는 아동의 절반 이상이 가족구성원 중 틱을 앓았거나 강박증 같은 증세를 경험한 사람이 있다고 증언하는 부모님을 가지고 있었다.

투렛 증후군이 유전적 질환이라는 증거는 쌍둥이들이 같은 증상을 가지고 있는지 사례를 분석해 유사 일치도를 조사한 쌍둥이 연구에서 찾을 수 있다. 쌍둥이들을 연구한 연구결과들에 의하면 일란성 쌍둥이들은 만성 틱 장애의 86퍼센트의 일치도를 나타냈고, 이란성 쌍둥이들은 20퍼센트의 일치도를 나타냈다고 보고하고 있다(Hyde 외, 1992; Price 외, 1985). 이는 투렛 증후군의 원인에 유전이 기인한다는 것을 제시하고 있다.

하지만 쌍둥이가 둘다 틱 증상이 있는 연구에서, 보통 한 명의 증상이 다른 한 명보다 더 심할 수 있는데 이는 투렛 증후군이 비록 유전되는 것이라고 하더라도 증세가 나타나는 요인에는 굉장한 다양성이 존재함을 보여주는 것이다. 이는 아마도 출생 전이나 출생 시 또는 아동기의 환경적 요소들에 기인하는 것일 수 있다.

유전학은 복잡한 분야이지만 기본적으로는 염색체에 관한 연구이다. 염색체는 우리가 누구인지를 결정한다. 염색체는 세포가 생존하고 발달하도록 모든 정보를 전달한다. 다시 말해 염색체는 우리의 유전정보를 저장하고 있다. 우리 세포는 각각 23쌍의 염색체를 가지고 있는데, 염색체는 긴 나선형태의 분자인 유전자본체(DNA: Deoxiribonucleic Acid)로 만들어져 있다. 특정 성질 또는 세포활동을 위한 유전자부호를 지니고 있는 DNA의 짧은 부분이 유전자이다.

투렛 증후군에서 특정 성질 또는 세포활동은 억제운동, 제어충동, 강박발달 등에 관련된 화학물질 또는 신경흥분전달물질의 생산에 영향을 주는 유전자에 관련되어 있을 수 있다. 과학자들이 유전학을 연구할 때에는 '유전자 연관성'과 같은 기술을 사용하거

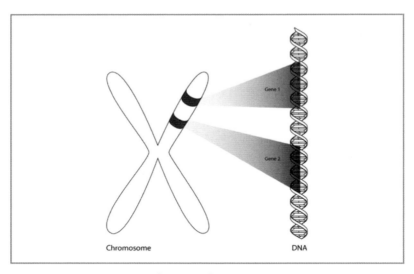

[그림 3-1] 염색체

나 분자구조와 유전자의 기능을 살피는 기술을 사용한다. '유전자
연관성'은 서로 가까운 염색체가 함께 유전되는 유전자의 경향을
말한다. 이와 관련해 투렛 증후군을 연구하는 유전자 연구내용들
을 살펴보면 일반적으로 유전자의 염색체상의 위치를 정할 때 표
준으로 사용하는 염색체의 표식유전자에 대해 면밀히 살펴보거나,
투렛 증후군이 있는 사람들 사이의 유전 패턴을 살펴보는 경우가
많다. 몇몇 연구는 특정 염색체 군(4번 염색체, 5번 염색체, 11번 염색
체, 17번 염색체)의 중요성을 보고한다(투렛 증후군 국제 컨소시엄,
1999). 이와 함께 2번 염색체, 6번 염색체, 8번 염색체, 11번 염색
체, 14번 염색체, 20번 염색체, 그리고 21번 염색체의 중요성을 보
고하는 연구들도 있다(Simonic 외, 2001).

　　다른 유전연구들은 염색체 자체에 결함이나 탈선이 있는지 조
사하기 위해 염색체의 구조를 연구한다. 이들 연구들에 의하면 몇
가지 세포 유전학적 이상이 투렛 증후군 환자에게서 발견되었는데

이는 2번 염색체, 6번 염색체, 7번 염색체, 8번 염색체, 그리고 18번 염색체에서의 이상이었다(Crawford 외, 2003; Kroisel 외, 2001; Verkerk 외, 2003).

또한 도파민 수용체(Dopamine receptor), 도파민 수송체(Dopamine transporters), 노르아드레날린(Noradrenergic genes) 유전자, 그리고 몇몇 세로토닌계(Serotonergic genes) 유전자 등의 다양한 유전자가 분석되었다. 이들 연구결과들을 종합해 보면 투렛 증후군을 초래하는데 관련된 유전자에는 유일한 딱 하나의 유전자만 존재하는 것은 아니다. 하지만 몇몇 유전자는 만성틱으로 진전되는 가능성에 영향을 주는 것으로 알려져 있다. 투렛 증후군은 일반적으로 몇 가지 염색체와 관련된 신경발달적 증상과 함께 일어나는 것으로 유추할 수 있다.

결론적으로 유전학적 연구가 매우 복잡한 연구임에도 불구하고 우리는 틱이 있는 아동은 가족 중에도 틱이나 강박증(OCD)이 있는 가족이 있음을 자주 보게 된다는 것이다. 만약 쌍둥이가 틱이 있는 경우에는 이란성 쌍둥이일 경우보다 일란성 쌍둥이일 경우 틱이 발현될 가능성이 더 높다고 할 수 있다. 그러나 기술의 발달에도 불구하고 투렛 증후군의 발현에 연결이 되어있는 주요 원인이 되는 유전자는 아직 발견되지 못한 상황이다.

뇌

투렛 증후군은 우리 몸의 여러 다른 부위에서 한차례 가끔씩 앓고 지나가는 듯이 발생하는 틱을 포함하는 복잡한 증상이다. 그런데 이 증상은 자주 전조적인 감각적 압박과 함께 발현되며 강박증(OCD)이나 주의력결핍과잉행동장애(ADHD)와도 관련된 것으로 추측된다. 때로는 욕설 같은 감정이 실린 말들을 사용하기도 한다.

그러면 투렛 증후군에 있어서 뇌의 어떤 부분이 이런 증상들을 설명할 수 있을까? 아마도 특정 한 영역이라기보다는 몇 개의 뇌 영역과 이들 사이의 연결부분들이라고 말할 수 있을 것이다. 틱 증상의 심각성의 정도와 범위의 다양성에 따라 그리고 행동과 뇌의 활동 및 구조가 측정되는 방법에 따라 연구결과들이 다를 수 있으므로 특정 연구결과로 단정 짓기는 어렵다.

투렛 증후군에 관련된 뇌의 두 주요 부위는 대뇌피질(Cortex)과 대뇌반구 깊은 곳의 세포군으로서 무의식 운동 중계를 맡고 있는 줄무늬체인 선조체(Striatum)이다. 뇌에 대해 연구한 연구결과들은 우리 뇌의 외피 표피층－선조체－시상－피질로 연결된 경로가 틱의 발현에 관여한다는 증거를 보여주었다(Felling 외, 2011). 이는 대뇌피질을 선조체와 시상으로 이어주고 다시 대뇌피질로 이어주는 순환회로이다. 이들 각각의 뇌의 영역은 정확하게 어떤 역할을 할까? 아래에 간략하게 소개하기로 한다.

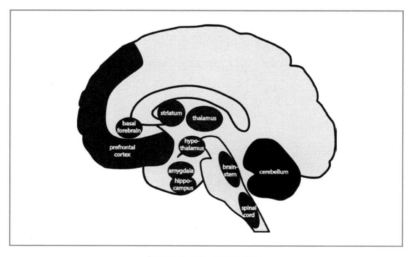

[그림 3-2] 뇌의 구조

대뇌피질

대뇌피질(Cortex)은 뇌의 바깥 부분이다. 대뇌피질의 전두엽 부분은 대뇌피질의 바로 앞부분에 있다. 전두엽은 계획과 정리, 그리고 주의(attention) 능력에 관여한다. 전두엽은 또한 집중, 감정, 충동, 강박, 충동적 움직임에도 중요한 역할을 한다.

줄무늬체 / 선조체

선조체(Striatum)는 의도적 움직임의 활성화에 관여하는 세포 그룹으로 이루어진 기저 림프절 / 신경절의 요소이다. 기저 림프절은 대뇌피질로부터 움직임의 유형에 대한 정보를 받아들인다. 이후 의도했던 바와 반대되는 움직임은 억제하고 해야 하는 움직임은 시작함으로써 우리가 적절한 행동을 선택하는 것을 돕는다. 림프절은 꼬리핵(Caudate Nucleus)과 측좌핵(Nucleus Accumbens)을 포함하는데 꼬리핵은 사람의 움직임에도 관여하지만 다른 많은 기능들에도 관여하는 것으로 알려져 있다.

시상

우리 감각 중 후각을 제외한 대부분의 감각정보가 뇌의 다른 영역으로 전달되기 전에 시상(Thalamus)을 처음 거쳐 간다. 따라서 시상은 자주 '중계국'으로 묘사되고 비유된다. 시상은 감각정보의 각기 다른 형태에 대응하기 위해 특수화된 여러 개의 핵으로 나누어져 있다.

인체의 기본적인 감정, 욕구를 관장하는 대뇌 신경계인 번연계

번연계(Limbic System)는 기분, 감정 등에 관여하는 신경들과 망들의 세트라고 할 수 있다. 대뇌 측두엽의 해마(Hippocampus), 시상하부(Hypothalamus), 편도체(Amygdala), 전방시상(Anterior Thalamus)을 포함한다.

편도체

편도체(Amygdala)는 위에서 설명한 번연계에 소재한다. 편도체는 뇌의 감정 중심부라 할 수 있으며 공포, 불안 그리고 공황에 관여하는 것으로 알려져 있다. 투렛 증후군이 있는 어린이는 투렛 증후군이 없는 또래 어린이와 비교해 전두엽 피질 영역이 좀더 큰 것으로 나타난바 있다. '기능적 이미지 생성' 처리방식을 연구한 결과에 의하면 틱의 억제는 전두엽 피질의 활성화와 변화 및 두뇌반구를 잇는 신경섬유 조직인 뇌량(Corpus Callosum)에 있는 뇌척수 백질의 감소와 관련이 있다(Peterson 외, 2001). 또 다른 연구들은 운동피질(Motor Cortex)의 억제 장애가 틱을 초래한다고도 설명한다. 이들 연구에 의하면 투렛 증후군이 있는 어린이들 중 주의력결핍 과잉행동장애(ADHD)가 없고 뇌를 연결하는 백질에서 강한 연결을 보이는 집단은 자신들의 행동을 억제하고 지휘하는데 상대적으로 강함을 보여준다고 밝히고 있다(Jackson 외, 2015).

신경전달물질

우리의 모든 행동들, 느낌들, 그리고 생각들은 뇌의 다양한 부분의 화학적 차원에서 발생된다. 신경전달물질(Neurotransmitters)은 그 기능이 움직임이든 억제이든 생각이든 또는 계획이든 뇌가 이들 기능을 실행하는 책임을 진다. 신경전달물질은 신경 말초까지 신호들을 전송하는 화학적 전달자라 할 수 있다. 뇌에는 몇 가지 신경전달물질이 있는데 각각이 모두 다른 기능들을 가지고 있다. 틱의 발현에 관여하는 주요 신경전달물질은 도파민(Dopamine), 세로토닌(Serotonin), 그리고 감마아미노산(Gamma-aminobutyric acid)으로 알려져 있다.

6장의 [그림 6-1]과 [그림 6-2]에서 참조할 수 있듯이 투렛 증후군에 관여된 전두엽 피질이나 선조체 같은 뇌 영역은 도파민과 세로토닌 수용체로 포화상태를 만든다. 이와 같이 투렛 증후군에 사용되는 약물이 이런 신경전달물질에 영향을 미치는 것은 놀라운 사실이 아니다.

도파민

도파민(Dopamine)은 움직임, 즐거움 그리고 인지를 조절하는 신경전달물질이다. 도파민은 정신질환에도 관련되어있다. 틱은 도파민 저항제(억제제) 같은 약물로 억제될 수 있고 도파민 작용제에 의해 악화될 수도 있다. 도파민 저항제는 조현병 같은 정신질환을 치료하는데 자주 사용된다. 몇몇 '신경계통영상' 연구들의 연구결과들은 투렛 증후군이 있는 사람들은 기저핵의 도파민 작동성 회로 수송체 밀도가 높음을 보여준다. 그러나 피질외피-선조체-시상-피질 회로는 도파민 시스템 외에도 세로토닌 촉진물질, 글루탐산성, 감마아미노낙산을 생산하는 신경세포, 노르아드레날린 활성물질, 그리고 오피오이드 시스템(Opioid System)을 포함하는 다른 신경전달물질을 함유하고 있는 것으로 알려져 있다. 이는 다양한 신경흥분물질들이 틱을 발현시키는 데 관련되어 있다는 것을 보여주며 왜 하나의 약이 효과적일 수 없는지를 설명해준다.

세로토닌(Serotonin)

세로토닌은 기분, 불안, 강박, 그리고 잠에 관계된 신경전달물질이다.

감마아미노산(Gamma-aminobutyric acid)

감마아미노산은 신경전달을 막는 신경전달물질 억제제로서 기능한다. 감마아미노산의 증가는 틱에 대한 조절을 돕는다고 할 수 있다.

환경

임신

투렛 증후군이 있는 어린이들 중 일부는 유도분만, 목에 탯줄이 걸렸던 경우, 겸자분만, 신생아 황달, 제왕절개수술, 또는 길어진 분만 등 출생 시에 어려움이 있었던 것으로 보고되고 있다. 그러나 투렛 증후군과 관련하여 가장 꾸준하게 보고된 위험 요소들은 임신 3개월 동안 어머니의 흡연, 메스꺼움, 그리고 구토와 출생 시의 낮은 체중이다(Leckman, 2002).

성별이 남자인 것도 위험요소로 인식되어졌는데, 이는 태아의 뇌 발달에 있어 가장 중요한 시기에 남성 호르몬인 안드로겐의 노출이 틱의 발달을 증가시킨다는 가정을 이끌어낸다(Peterson 외, 1992). 어떤 연구자들은 투렛 증후군의 발현은 어린 시기 뇌 부상의 결과로 도파민 시스템에 있어서의 변화와 관련되어 있을 수도 있다고 결론짓는다. 하지만 영아가 특정 상황을 경험하면 발현될 수 있는 투렛 증후군에 대한 유전적 민감함을 가지고 태어날 가능성이 더 크다고도 한다.

PANDAS

PANDAS라고 알려진 연쇄상 구균 감염과 연관된 소아과적 자가 면역 신경정신병학적 장애(PANDAS: Paediatric Autoimmune Neuropsychiatric Disorders Associated with Streptococcal Infactions)는 1998년 처음 진단된 질환이다(Swedo 외, 1998). 이는 갑자기 강박장애와 틱을 보이는 어린이들과 관련되어 있다. 이때 연쇄상 구균의 목 감염이 주요 원인인 것으로 알려져 있다. 소아과적 자가 면역 신경정신병학적 장애의 진단 기준은 다음과 같다.
- 강박증 또는 틱이 급성발작처럼 시작됨
- 사춘기 전에 시작됨
- 시작이 극적임
- 발생 사이 증세가 두드러지게 감소함
- 연쇄상 구균 감염과 관련이 있음
- 불안, 가만히 있지 못하는 증세, 과민증, 성급함, 아기말투와 손 글씨 퇴보를 포함하는 발달퇴행 같은 신경정신병학적 이상과 관련이 있음

신경영상 연구들은 이런 증상을 가진 개인들은 기저핵이 큰 편이라고 밝히고 있는데 이는 뇌의 염증 가능성을 보여주는 것이라고 해석한다(Giedd 외, 2000).

연쇄상 구균 박테리아는 심장, 관절, 뇌 조직 같은 사람 몸에 있는 분자와 비슷하게 세포벽에 분자를 가지고 있는 것으로 알려져 있다. 하지만 사람의 신체는 분자를 이물질로 인식하고 면역체계가 이런 분자들에 대한 항체를 생산한다. 그리고 항체는 심장과 뇌에 있는 분자에 반응하게 된다.

소아과적 자가 면역 신경정신병학적 장애의 진단은 질환의 경과에 기초를 둔 임상적인 것이다. 연쇄상 구균과 관련된 실험실 실험도 도움이 될 수 있다(Dale 외, 2002). 연쇄상 구균 감염은 지방산 응고로 측정되는 연쇄상 구균 저항 항체 발현을 초래할 수도 있다. 지방산 응고는 증세 발현 초기에는 낮은 수치이나 신체가 항체를 더 생산할수록 그 다음 몇 주간 증가될 것이다.

〈표 3-1〉 소아과적 자가 면역 신경정신병학적 장애

PANDAS (Paediatric Autoimmune Neuropsychiatric Disorders Associated with Streptococcal Infactions)	PANS (Paediatric Acute onset Neuropsychiatric Syndrome)	CANS (Childhood Acute Neuropsychiatric Syndrom)
• 갑작스런 강박증과 틱의 동시 발현 • 갑작스런 강박증 또는 틱의 발현 • 연쇄상구균 감염과 관련 • 운동 과다활동과 신경학적 움직임	• 갑작스런 강박증 발현 또는 심각한 음식 제한 섭취 • 다음 증상 중 두 가지: 불안, 성급함, 발달적 퇴행, 학교 과업 하락, 수면문제, 야뇨증, 또는 소변빈도증가	• 갑작스런 강박증의 발현 • 불안, 정신질환, 발달적 퇴행, 감각적 자극에 대한 민감성 • 쓰기장애(필기불능증이나 난필증), 활동항진증 같은 증상

위 증상들은 진단 지표와 연쇄상 구균 감염과의 직접적 연결고리를 증명해내는 것이 어려워 논란이 많은 증상들이다. 많은 아동들이 연쇄상 구균 감염을 경험하지만 PANDAS(Paediatric Autoimmune Neuropsychiatric Disorders) 증상을 가지는 것은 아니다. 또 어떤 아동들은 강박증을 가지고 있지만 연쇄상 구균 감염은 아닐 수 있다. 이런 이유가 연구자들로 하여금 강박증이 있으면서 심각한 음식섭취 제한 문제가 있고 더불어 신경정신학적 증상도 있는 PANS (Paediatric Acute-onset Neuropsychiatric Syndrome) 같은 새 기준을 개발하는 근거가 되었다(Swedo 외, 2012). 이외에도 다른 연구자들은 아동이 나타내는 증세 중 약물감염, 독, 혈관의 불규칙성, 혈중 산소 감소, 또는 자가 면역 상태에 의한 증상이 발생하는 개인의 특유한 특발성 CANS(Childhood Acute Neuro-psychiatric Syndrome)으로 알려진 증세도 구분하여 식별할 수 있게 하였다(Singer 외, 2012).

　이런 여러 복잡한 상황들과 논란에도 불구하고 그 증상이 틱과 함께 발현하든 또는 틱이 없이 발현하든 강박증이 갑작스럽게 발현되는 아동 그룹도 있는 것으로 확인되었다. 이런 증세와 일반적인 투렛 증후군의 차이는 그 증세가 극적이라고 묘사될 정도로 갑작스럽게 나타난다는 것이다.

　결국 요약하면 틱이나 투렛 증후군의 특정 원인은 아직 확실히 밝혀지지는 않았다. 하지만 투렛 증후군의 증상이 매우 다양함에 따라 유전과 환경이 관여된 몇 가지 병인학적 요인이 있다는 것만은 밝혀졌다고 할 수 있다.

관 리

Chapter 4

학교와의 협업

아동의 신경발달학적 어려움에 대한 선생님들을 비롯한 학교 관련자들의 깊은 이해는 그런 어려움을 가진 아동에게 긍정적인 학교경험을 가능하게 할 뿐만 아니라 아동의 회복력에도 큰 도움이 된다. 이 사실은 틱이 다른 사람들에게 매우 쉽게 인식되기 쉬운 증상이라는 것을 감안할 때, 투렛 증후군이 있는 아동에게도 확실히 적용되는 공식이다. 학교에서의 긍정적인 경험은 틱 증상이 있는 아동이 틱을 관리하는 데 있어서 잘 적응할 수 있도록 도울 뿐 아니라 아동이 삶에서 도전해야 할 어려움들이 있다 하더라도 이해와 적절한 지원이 있으면 극복할 수 있다는 것을 알도록 도울 수 있다.

Pecker 등(2010)이 그들의 유명한 저서 *Challenging Kids, Challenging Teachers*에서 '신경학적 혼돈'이라고 표현할 정도로, 틱은 집중을 어렵게 하고 일상생활에 지장을 주며 그 중압감에 있어 상당히 압도적이라 할 수 있다. 따라서 학교에서 틱 증상이 있는 아동을 대할 때 선생님들은 아동이 가지고 있을지도 모르는 부가적인 증상에 대해서도 이해하고 또한 그 어려움에 대해 관련된 정보를 공유하는 것 또한 매우 중요하다.

틱은 쓰기를 할 때 손 움직임에 지장을 주고, 읽기를 할 때 역시 눈 움직임을 방해할 수 있으므로 학교공부를 할 때 신체적인 장애를 초래할 수 있다. 또한 지속적인 틱은 집중에 영향을 미치고 장시간 동안 사고하는 것을 어렵게 만들 수 있다. 틱은 사회적으로 부적절한 단어나 몸짓 같은 것으로 갑자기 발현되어 틱 증상이 있는 아동을 당황하게 만들 뿐 아니라 불편하고 고통스럽게 만들 수도 있다. 이런 요인들이 오랜 시간 동안 교실에 있기를 어렵게 만들 수도 있지만 선생님들과 학교 관계자들은 그 어떤 지원이 필요

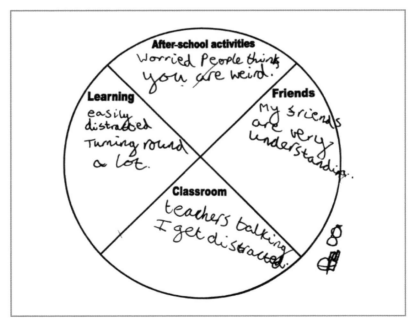

[그림 4-1] 투렛 증후군과 학교

하더라도 지원을 하고 틱 증상이 있는 아동을 도와서 그 아동이 또래와 어울릴 수 있도록 하고 교실생활에 잘 적응하여 교육을 받을 수 있도록 노력하는 것이 중요하다. [그림 4−1]은 투렛 증후군이 있는 10살 아동이 자신의 틱 증상이 학교생활에 어떻게 영향을 미치는지 묘사한 것이다.

투렛 증후군이 있는 아동은 선생님과 학교 관계자들이 투렛 증후군 및 틱이 있는 아동에게 필요한 특별한 요구에 대해 잘 이해하거나 적어도 이해하고자하는 의지가 있는 지지적인 환경에 배정되는 것이 중요하다. 불행하게도 틱은 보통 중학교와 고등학교 사이, 전환기인 사춘기 시절 전 기간 동안 가장 빈번하다. 따라서 이 시기는 특히 조심해야 할 시기이므로 선생님들은 민감하고 정확한 정보를 가지고 어떤 상황에도 충분히 준비되어 있어야 한다.

부모님들 입장에서는 틱이 있는 자녀가 중등학교에 입학할 시기가 되면 일학년을 시작하기 전에 미리 학교와 접촉하는 것이 도움이 된다. 자녀의 강점을 강조하고 약점을 알려주며 도움이 될 만하고 정확한 정보를 제공하며 자녀에게 필요할 만한 지원을 설명할 수 있도록 선생님과 학교 관계자들과 약속을 잡는 것은 굉장히 큰 도움이 될 수 있다. 또한 학년을 마칠 즈음에는 틱이 무엇인지, 시간이 경과함에 따라 어떻게 변화하는지, 어떤 요인이 학교에서 틱을 악화시키는지, 효과적인 대응전략은 무엇인지 알려주기 위해 새 선생님을 만나 상담을 계획하는 것도 중요하다.

틱 증상은 누구에게나 보여지는 것이므로 단지 담임 선생님과만 정보를 나누는 것이 아닌 학교 모든 선생님이나 다른 관련자와 정보를 나누는 것이 중요하다. 학교 관계자와 정보를 공유할 때는 다음 주요 사항을 유념할 필요가 있다.

- 틱은 변동이 심하고 시간에 따라 변한다. 어떤 날들은 아동이 많은 종류의 많은 틱을 하고 어떤 날들은 매우 적게 한다.
- 만약 아동이 감기 기운이 있거나 코를 훌쩍이기 시작한 뒤, 감기가 나은 오랜 후에도 훌쩍임이 계속되면 이는 틱이라고 할 수 있다.
- 틱은 흉내처럼 보일 수 있다. 때로는 틱이 있는 아동이 선생님 같은 다른 사람의 몸짓, 단어들, 또는 억양을 따라 하기도 한다. 이때 아동은 그 행위를 조절할 수가 없으며 심지어 깨닫지 못하고 있을 수도 있다는 것을 이해해야 한다.
- 아동이 어느 정도 틱을 조절할 수 있다고 하더라도 항상 성공적이지는 못할 것이다.
- 모든 아동이 행동치료나 약물치료에 긍정적으로 반응하는 것은 아니다.
- 틱은 아동이나 아동 부모의 잘못이 아니다.
- 틱은 아동을 피로하게 만든다.
- 틱이 있다는 것이 특정 활동들을 안 하는 핑계가 되거나 미안해야 할 이유는 아니다.
- 틱 억제는 때로는 아동이 어떤 과업을 수행하는 데 방해를 할 것이다. 하지만 만약 아동이 학습하는 것을 힘들어하면 이는 단지 틱 때문만은 아닐 가능성이 높다. 따라서 학습하는데 어려움을 겪는 다른 이유들도 선생님과 함께 찾아보아야 한다.

최근 연구들은 선생님들에게 특정 증상들에 대한 이야기를 해주고 안내서를 주는 것이 아동의 교육적 경험을 상당히 향상시킬 수 있다고 제안한다(Nussey 외, 2014). 때로 부모님들은 이렇게 하는 것이 아동에게 낙인을 씌우는 것이라고 두려워하기도 한다. 하지만 합리적인 정보가 있으면 선생님들은 상황에 더 잘 적응하고 아동의 학우들에게도 이해를 장려할 수 있다.

투렛 증후군이 있는 아동의 학우들에게 투렛 증후군에 대해 알려주는 것도 매우 유익할 수 있다. 몇 년 전에 우리가 실시한 연구에서 네 명의 어린이와 그들의 선생님들이 학급에서 투렛 증후군에 대한 간단한 발표를 한 적이 있다. 그때 공유한 정보는 우리 클리닉 팀과 영국 투렛 협회 동료들에 의해 만들어진 자료들이었다. 연구결과 어린이들은 그 발표가 매우 유익했던 것으로 느꼈음이 나타났다. 어린이들은 투렛 증후군 증상에 대해 더 나은 이해를 하게 되었다고 보고했고 틱이 있는 어린이들에 대해서 좀더 인내심을 보여주었으며, 선생님들도 틱이 있는 어린이들의 요구에 대응하는데 더 자신감을 얻었다고 보고했다.

중요한 것은, 틱이 있는 어린이들의 부모님들도 그들의 자녀들이 학교에 더 잘 적응할 수 있다고 자신감을 더 느끼게 된 것이었다. 흥미롭게도 선생님이 발표하는 동안 교실을 떠나 있었던 틱이 있는 어린이들과 반대로 교실에 남기를 선택했던 틱이 있는 어린이들이 그 발표로 가장 유익함을 얻은 것 같았다.

결국 회복탄력성을 키우고 높이며, 다른 사람들에게 그들이 가지고 있는 틱 증상에 대해 설명하는 것이 합리적이라는 것을 알도록 하는 것이 투렛 증후군과 함께 살아가는 요점이라고 할 수 있다. 아동의 학우들에게 정확하고 적절한 정보를 제공함에 있어서도 아동을 지원하는 부모님과 선생님들보다 이를 더 잘 강화시킬 사람은 없다는 것을 유념할 필요가 있다.

투렛 증후군에 대해 모든 사람들이 잘 이해하도록 확실히 함과 함께 투렛 증후군이 있는 아동을 교실에서 지원하는 다른 방법을 소개한다.

- 학생을 교실 가장자리에 배정할 것: 틱 증상이 보이기 쉬운 앞은 피하되 쉽게 집중이 분산될 수 있는 뒤쪽도 피해야 한다.
- 틱에 대한 부정적인 반응들을 줄일 수 있도록 성격이 좋고 인내심 강한 학우 곁에 배석한다.
- 틱으로 인해 읽기나 쓰기 같은 특정 활동을 아동이 회피하는 것을 허용하지 않는 것이 좋다. 일이 좀더 많고 선생님의 배려를 요하더라도 아동이 과업을 완수할 수 있도록 지원해주는 것이 좋다.
- 가정의 정규적 지원이 필요하다. 이메일을 통한 규칙적이고 짧은 소통이 가장 좋고 신중한 방법이다. 또한 해결해야만 하는 문제점들에 대해서만이 아닌 현재 잘하고 있는 부분들에 대해서도 소통하는 것을 유념하는 것이 중요하다.
- 만약 학생이 상황에 너무 압도되면 휴식기를 가진다. 스트레스와 불안은 틱을 악화시킬 수 있으므로 아동이 조절할 수 있다고 느끼면 전반적으로 틱을 줄일 수 있을 것이다. 틱이 있는 아동에게 교실에서 핸드아웃을 나눠준다든지 하는 규칙적인 과업을 주는 것도 매우 도움이 된다. 좀더 연령이 있는 아동의 경우, 좀더 공적이거나 체계화된 휴식시간을 가지는 것이 도움이 될 수 있다.
- 필요할 때 도움을 청할 수 있는 지정 인물이나 멘토를 가지게 한다. 이는 매우 유용하며 각 학년도 시초에 정해지는 것이 이상적이다.
- 규칙을 잊어버리는 경향이 있는 학생이거나 상황에 휩쓸리는 학생은 규칙적으로 살펴볼 수 있고 보상체계에 의해 지원되는 안내장을 준다. 단지 잠깐 동안만 필요하더라도 매우 도움이 될 수 있다.
- 아동의 담당 의사나 치료사, 간호사, 또는 심리상담사에게

학교에 연락하여 아동을 지원하는 방법을 제안하고 아동의 투렛 증후군 증세에 대한 정보를 제공하도록 부탁하는 것도 좋다.

괴롭힘

투렛 증후군이 있는 자녀가 놀림 받고, 왕따나 괴롭힘을 당할 수도 있다는 생각은 틱이 있는 자녀를 둔 부모님들을 자주 괴롭히는 고민이다. 특히 자녀가 초등학교에서 중등학교로 진학할 때 이런 경우가 많다. 부모님들을 안심시켜 드리자면, 투렛 증후군이 있는 아동은 전형적으로 괴롭힘을 당하지 않는다고 한다. 그러므로 일어나지도 않은 일을 가지고 그런 일이 일어날 것이라고 지레짐작해서는 안 된다. 하지만 그런 일이 혹시라도 일어날 가능성을 최소화하기 위해 투렛 증후군이 있는 아동이 다른 학생이 자신을 괴롭힌 것을 알렸을 때 최대한 빨리 대응할 수 있도록 계획을 짜두는 것은 도움이 된다. 가장 중요한 예방은 아동이 분명하고 현명한 전략을 사용함으로써 틱 증상을 가지고도 이 사회에서 잘 살아갈 수 있는 충분한 능력이 있다는 것을 확신시켜주는 것이다.

이를 위해서 아동은 이 책의 PART 1에 소개된 대로 틱과 투렛 증후군의 기본에 대해 잘 이해하고 있어야 한다. 자녀와 함께 공유하면 좋을 이 책에 소개된 도움될 만한 자원들과 웹사이트 부분에 나열된 도움되는 책들을 참조하면 좋다. 아동은 학우들이 묻는 어떤 질문에도 대답해줄 수 있어야 한다. 만약 놀림 받거나 왕따나 괴롭힘을 당하면 즉시 부모님이나 선생님께 이야기 하는 등 무엇을 해야 하는지 분명한 계획을 가지도록 장려해주어야 한다. 다른 학생이 자신에게 나쁘게 대하는 것이 자신의 잘못이 아님을 이해하도록 해야만 한다. 모든 학교는 즉시 대응할 수 있는 괴롭힘 방지 정책이 있어야만 한다. 가장 중요한 것은 왕따나 괴롭힘이 결코 괴롭힘을 당한 아동의 잘못이 아님을 재확신시키는 것이다.

또한 부모와 자녀 사이의 분명하고 열린 소통 채널이 필수적 요소이다. 항상 쉽지는 않겠지만 부모는 평정을 유지해야만 하고 가능한 빨리 모든 전체 상황을 이해해야만 한다.

소통이 열쇠

만약 부모님과 선생님들 간에 소통이 잘되면 매우 큰 도움이 된다. 투렛 증후군이 있는 대부분 아동들은 그들의 학습, 행동, 그리고 사회적 감정적 기능을 위한 준비된 지원계획을 가지고 있어야한다. 이 지원계획은 보통 개별화 교육계획이라 불리는데 목표와 그 목표들을 달성하기 위한 전략으로 구성되어 있다. 목표에 대해 토론하고 또 그것을 점검하기 위해 부모님들과 선생님들은 회의를 준비할 필요가 있다. 특히 아동이나 부모님이 지쳤을 때 학교에서 요구하는 방과 후 숙제 등에 대한 구조화된 요구는 아동과 부모 모두에게 특정 부담으로 작용할 수 있다. 만약 과제가 가정에서 스트레스를 유발하는 요인이 된다면 아동의 선생님들이나 학교 내 상담가들과 신중하게 의논되어야 한다. 교육의 체계화에 대한 강조 및 합리적인 요구도 학생, 부모, 그리고 선생님들 사이에 동의되어야 하는 것이다.

여러 연구들에 의하면 투렛 증후군이 있는 아동의 부모님들보다 오히려 선생님들이 아동의 행동문제와 집중문제를 덜 보고한다고 한다(Christie 외, 2002). 이는 투렛 증후군이 있는 아동이 학교에서 틱 조절을 포함하여 최선의 노력을 하고, 대신 집에 도착했을 때는 에너지가 소모되어 있어 틱을 억제하지 않고 발현하기 때문이라고 유추할 수 있을 것이다. 따라서 선생님들과 부모님들이 의논할 때는 이런 아동들의 행동 패턴의 가능성을 유념하여 대화하는 것이 도움이 될 것이다. 또한 학교 과제에 대한 다른 견해 차이는 부모님과 선생님 사이에 갈등을 초래할 수도 있다. 이는 분명하고 규칙적인 소통과 아동의 개인적 강점과 약점에 대한 깊은 이해를 통해 제일 잘 조절될 수 있음을 유념해야 한다.

Chapter 5

심리학적 치료관리

　　많은 아동들이 틱이 있어도 잘 살아가는 반면 또 어떤 아동들은 좌절하거나 당황하며 신체적 불편함과 고통을 호소한다. 1970년 이래로 많은 연구들이 틱 증상이 있는 아동들을 위한 몇 가지 효과적인 심리학적 치료법을 연구해 왔다. 그런데 권장되는 치료의 형태에 상관없이 모든 치료의 본질적인 부분은 아동과 아동의 시스템 내에 있는 가족, 선생님, 그리고 친구들 같은 모든 사람들이 투렛 증후군을 이해하는 것이다. 이 이해가 투렛 증후군과 살아가는 핵심인 것이다. 일단 틱이 있는 개인이 상태에 대해 이해하면 이는 그 사람이 투렛 증후군이 있는 결과로 생기는 일상생활의 도전에 대처할 수 있게 해준다.

　　이 장에서 소개되는 심리학적 중재는 아동이 특정 행동을 변화시킬 수 있도록 하는 것을 학습하는 내용으로 구성되어 있으므로 행동주의적인 접근법이라고도 할 수 있다. 인지치료 역시 도움이 되는 것으로 알려져 있는데 특히 청소년들이 그들이 가진 틱에 대해 생각하는 방식을 변화시키는 데 도움이 되는 것으로 알려져 있다.

아동을 위해 심리학적 치료를 추구하는 가장 중요한 이유는 아동이 틱 증상으로 인해 불편함을 느끼고 치료를 받고 싶어하기 때문이지 부모가 자녀가 틱하는 것을 멈추길 원하거나 그 증상이 자녀의 선생님과 친구들을 방해하기 때문이 아님을 유념해야 한다. 심리학적 치료는 치료제가 아니며 틱과 함께 살아가야 하는 아동의 도구 중 중요한 하나의 일환일 뿐임을 항상 명심할 필요가 있다.

습관 반전법/습관 뒤집기법

가장 과학적으로 지지받는 행동치료는 습관 반전법(CBITS: Comprehensive Behavioural Intervention for Tics)/습관 뒤집기법 (HRT: Habit Reversal Training)이다. 이 접근법은 1970년대부터 사용되었다. 습관 반전법이 효과가 있음을 증명하는 가장 설득력 있는 연구들은 2000년대 초기 이래로 발표된 논문들이다. 이들 연구들에 기초하여 습관 반전법을 포함한 행동치료를 받은 어린이들의 3분의 2가 틱이 감소되었다. 습관 반전훈련법은 CBITS(Comprehensive Behavioural Intervention for Tics)라 불리는 프로그램의 주요 요소로서 연구된 훈련법이다. CBITS는 습관 반전훈련, 휴식 취하기, 기능분석, 그리고 사회적 지지를 포함하는 다중프로그램이다. 이 프로그램은 틱을 조절하는 것을 돕는데 효율적이라고 생각되는 과거 선행연구들에 의해 제안된 모든 요인들에 기초한다.

우선 CBITS의 연구자들(Woods 외, 2010)은 각 개인을 대상으로 틱을 자극하는 외적 요소와 내적 요소들을 식별한다. 여기서 외적 요소의 예를 들자면, 틱으로 힘든 하루를 보냈는데 아동이 집에 왔을 때 아동을 껴안아주는 부모가 그 예가 될 수 있다. 이런 행동들은 무심코 틱을 오히려 보상하거나 틱을 유지하도록 하는데 큰 역할을 하는 요소가 될 수 있다. 아동의 환경반경 내에 있는 사람들이 일단 이런 것을 깨닫고만 있어도 그런 행동을 변화시킬 수 있고, 그 연결고리가 멈춰져서 틱이 감소될 수도 있을 것이다. 이렇게 행동의 원인과 그 행동이 초래하는 결과를 분석하는 것을 '기능적 분석'이라고 한다.

내적 요소는 아동이 틱이 발현되기 전 느끼는 긴장(전조감각충동)을 들 수 있다. 틱이 있는 아동은 그 충동을 긴장, 압박, 간지럼, 가려움 등의 다른 단어들을 사용해 표현할 것이다. 치료과정에서 아동은 이런 충동에 대해 더 인지하게 되는데 이는 아동이 틱이 발생하기 전 미리 틱을 멈추기 위한 대처행동을 시행하는 것을 가능하게 할 것이다. [그림 5-1]은 틱에 선행되는 충동과 틱, 그리고 틱 이후 안심 사이의 연계를 그림으로 보여준다. 이 패턴은 아동이 충동의 완화를 느끼고자 지속적으로 틱을 표현하는 강화 순환을 확립하는 것을 표현하고 있다.

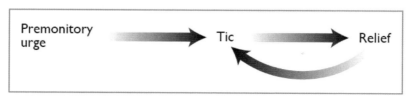

[그림 5-1] 충동. 틱. 완화 사이의 연계

치료과정에서 치료사들은 아동과 함께 '위계체계(hierarchy)'라고 불리는 현재 발현되고 있는 틱의 리스트를 만든다. 그 후 치료사는 그 위계 내에서 각 틱 증상들이 얼마나 부담스러운지 순위를 매기게 한다. 가장 아동을 힘들게 하는 틱이 리스트로부터 선택되는 것이다. 치료사는 틱 증상이 나올 때 정확하게 어떤 일이 생기는지 아동과 대화하는데 이것을 '틱 묘사(tic description)'라고 한다. 여기서 이 과정을 통해 아동은 틱을 할 것 같은 충동과 언제 틱이 나올 것 같은지에 대한 인식이 증대된다. 이 단계는 '틱 깨닫기(tic awareness)'라 불린다. 일단 아동이 자신의 틱 패턴에 대해 충분히 이해하게 되면 '틱 차단(tic blocker)'이라 불리는 활동 단계에 이르게 된다(McKinlay, 2015). 이를 '경쟁 반응 고안'이라고도 한다. 여기서 중요한 것은 틱 발현 전 이에 대응하는 반응을 고안해내고 이 대응반응을 대신 사용해 틱을 조절하는 것이다. 이때 아동은 틱을 하고자하는 충동에 굴복하지 않고 참을 수 있어야만 하며 틱을 하고 싶은 충동적인 느낌이 사라질 때까지 경쟁반응을 유지해야만 한다. <표 5-1>은 흔히 사용되는 경쟁반응들을 나타내고 있다.

〈표 5-1〉 경쟁반응

운동성 틱	경쟁반응
• 눈 깜빡임	• 눈 깜빡임 억제
• 팔꺾음	• 손을 다리에 붙이기
• 입술 핥기	• 혀를 입천장에 붙이기
음성 틱	경쟁반응
• 훌쩍임	• 코를 통해 숨을 천천히 내보내고 입술을 통해 들이마시기
• 큰소리	• 입을 닫기

사실 '완벽한' 경쟁반응은 없다. 다만 최선의 대응전략을 아동과 치료사가 함께 고안해내는 것이다. 치료사는 어떤 경쟁반응이 효과가 있고 틱을 효율적으로 조절할 수 있는지 틱과 경쟁반응을

스스로 연습해보고, 특정 경쟁반응이 잘 작용되는지 모두가 자신할 수 있도록 아동과의 면담시간에 시간을 충분히 두고 사용해보는 것이 도움이 된다.

[그림 5-2]는 틱의 발현을 억제하는데 사용되는 경쟁반응의 패턴을 보여준다. 아동이 경쟁반응을 사용할 때에는 틱을 표출하면서 가지는 충동 감소와 편안함을 느끼지는 못할 것이다. 이런 이유로 어떤 부모님들은 경쟁반응의 사용이 자녀에게 오히려 불편을 초래할까봐 우려할 것이다. 하지만 아동은 충동을 참는 것을 꽤 빨리 학습하며, 자신이 틱을 성공적으로 조절할 수 있다는데 대해 만족감도 큰 것으로 알려져 있다.

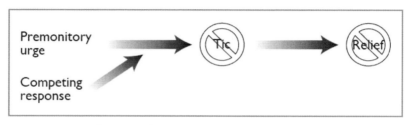

[그림 5-2] 틱을 차단하는 경쟁반응 사용

특히 어떤 아동들은 경쟁반응 사용을 상대적으로 쉽게 받아들이며 일상에서의 연습만으로 경쟁반응을 꽤 자동적으로 행할 수 있게 되기도 한다. 이런 아동들은 일반적으로 틱의 일부를 더 잘 조절할 수 있게 된다. 하지만 또 다른 아동들에게는 경쟁반응을 사용하는 것이 더 어려운 일일수도 있다. 특히 눈 틱은 조절이 어려울 수 있다고 알려져 있다.

효과적인 경쟁반응은 아동에게 편안하도록 초기에 선택하는 것을 확실히 하는 것이 주요 포인트이다. 경쟁반응 선택을 가이드하는 전형적인 네 가지 규칙은 다음과 같다.

1. 경쟁반응을 수행할 때 틱 증상은 발현될 수 없다.
2. 경쟁반응은 틱 증상보다 사회적으로 덜 드러나는 것이어야 한다.
3. 적어도 일부분 또는 충동이 사라질 때까지 경쟁반응을 유지하는 것이 가능해야 한다.
4. 경쟁반응을 수행할 때 바지 호주머니 같은 도구가 사용되어서는 안 된다. 이런 도구가 아동이 필요로 할 때 항상 존재하는 것은 아니기 때문이다.

아동은 치료를 마쳤을 때 미래에 새로 발현할지도 모르는 새로운 틱 증상에도 적용할 수 있도록 전 치료과정에서 경쟁반응을 선택하는 규칙들에 대해서도 학습한다. 아동이 치료사와 있을 때 경쟁반응을 시도하는 것이 중요한데, 이는 이들 경쟁반응들이 아동에게 효과적인지, 그리고 읽기, 말하기, 게임 같은 전형적인 일상 활동을 시행하는 데 방해가 되지는 않는지 확실히 확인해야 하기 때문이다.

사실 치료에서 가장 중요한 점은 아동이 도움이 된다고 생각할 때 그의 일상 활동 등에서 경쟁반응의 사용을 바로 적용해보는 것이다. 틱을 조절하기 위해 '언제'와 '어떻게'에 대해 내리는 선택은 항상 아동의 가족이 예상하는 것에 부합하는 것은 아닐 것이다. 아동이 경쟁반응을 사용할 '때'와 '장소'는 아동에게 달려있다는 것을 부모가 잘 이해하는 것이 중요하다. 부모님이나 선생님들이 아동이 틱 조절 연습을 하는 것을 볼 때 아동을 칭찬하는 것은 도움이 될 것이다. 하지만 잔소리를 하거나 아동이 틱을 할 때 그에 대한 언급을 하지는 말아야 한다.

노출 및 반응예방

두 번째, 경쟁반응과 비슷한 접근법으로 노출 및 반응예방 / 반응방지법(ERP: Exposure with Response Prevention)이 있다. 이 접근법에서 아동은 특정 시간 동안 틱을 억제하는 것을 연습함으로써 틱에 대한 조절력을 획득하게 된다. 이 접근법에서 아동들은 틱을 예방하는 어떤 행동을 알아내야만 하는 것은 아니다. 하지만 대신 가능한 틱을 참으려고 노력하고 틱 없이 있을 수 있는 가능한 긴 시간을 증가시킨다. 이렇게 함으로써 틱에 앞서 아동이 느끼는 불편함에 익숙해지고 심지어 틱을 하지 않아도 시간이 지나면 그 불편한 충동이 사라짐을 발견한다. 이 과정을 '습관화'라 부른다.

틱에 선행하는 충동은 틱이나 틱을 하고 싶은 충동에 대해 이야기하거나 또는 충동이 매우 강한 활동을 할 때 증대되는 경향이 있다. 반응예방 접근법은 아동과 가족이 치료과정 중 대부분의 시간을 투자해 연습하게 된다. 특히 아동은 틱을 하고 싶은 충동이 강할 때조차 더욱더 긴 시간 동안 틱을 조절하는 것을 연습하고 관리한다.

이 접근법은 특히 어린 아동들이나 다양한 틱증상이 있으면서 이를 더 잘 조절하기를 원하는 아동에게 도움이 되는 것으로 알려져 있다. 아동은 그들이 선택하는 상황에서 조절이 쉬워질 때까지 틱 증상을 조절하는 연습을 한다. 틱 증상이 있는 많은 아동과 어른들이 틱 억제전략에 대해 공식적 치료 없이도 자발적이고 규칙적인 틱 억제전략을 사용한다고 보고하고 있다(Matsuda 외, 2016). 그리고 흥미롭게도 틱을 효율적으로 조절할 수 있다고 보고하는 사례들을 보면 일반적으로 높은 질의 삶을 향유하고 있음이 발견된다. 틱 증상을 조율할 수 있게 됨으로써 좀더 편안한 일상생활을 하게 되었다는 것이다. 물론 더 어린 아동을 대상으로 할 때에는 부모님과 선생님들의 지원이 더 중요한 문제가 있겠지만, 앞에서 설명한 경쟁반응 사용과 반응예방 접근법 둘다 최소 5세 이상 아동들에게 효과가 있는 것으로 보인다.

틱은 그 특성상 심했다가 완화되었다가 하는 등 주기의 흐름이 있고 시간에 따라서도 변하므로, 틱을 조절하는 성공적인 전략을 학습하는 장점은 또 다른 틱이 발현해도 아동이 그에 대응하는 도구를 발달시킬 수 있다는 것이다. 그리고 시간이 지나면서 틱 조절전략을 실행하는 것이 좀더 자동적이 될 수도 있다. 이는 자전거 타는 법을 처음 배울 때처럼 사람이 어떤 활동을 처음 배울 때 요구되는 엄청난 노력에 비교될 수 있다. 꾸준한 연습과 함께 실행해야 하는 과업은 시간이 지날수록 좀더 자동화되고 쉬워지며 더 효율적이 된다. 아동은 자신이 말하기, 쓰기, 먹기, 또는 컴퓨터 게임을 하는 것과 같은 일상 활동을 하고 있는 동안 틱을 조절할 수 있다는 것을 곧 발견하게 된다.

사회적 지지

부모님들은 아동이 경쟁반응을 사용하고 의도치 않은 불수의적인 틱이 일어나도 인식하지 않으려고 애쓸 때 격려와 지지를 해준다는 점에서 틱의 치료에 있어서는 동료 치료사와 다름 없다. 아동이 나름의 전략을 쓰는데 대해 만족하게 해주는 칭찬과 격려를 해주는 것은 자녀가 모든 것을 더 효과적으로 학습하는 것을 도우는 좋은 방법이다.

많은 치료사들은 특히 다른 여러 가지 중요한 일상에서의 일들이 생김으로 인해 아동이 자신의 틱을 조절하는 데 집중할 수 없이 방해받고 힘든 날의 경우, 아동과 부모의 동기부여가 계속 지속될 수 있도록 보상시스템을 활용하는 것을 권장한다. 앞에서도 언급되었듯, 틱 자체에 대해 이야기하는 것은 도움이 되지 않지만 아동이 틱 조절을 성공적으로 유지할 때마다 미소나 고개 끄떡임 등으로 인지해주는 것은 매우 용기를 북돋우는 일임을 기억하는 것 또한 중요하다. 아동이 자신의 틱에 적극적으로 대응하는 것에는 적극적으로 보상을 해주고 아동이 자신의 틱 조절보다 더 중요한 무엇인가에 집중하느라 틱이 발현될 때에는 못 본척 지나쳐 주는 것이 좋다.

불행하게도 미국과 영국에서 실행된 많은 연구들은 투렛 증후군이 있는 사람들에게 행동주의적 접근법을 취한 치료를 할 수 있도록 훈련된 치료사 수가 너무 적고, 그 중요성에 대한 인식도 한정적이라고 밝히고 있다(Woods 외, 2010). 때로 의사들은 틱에 대한 행동치료와 심리치료를 뒷받침해주는 연구결과들이 있다는 것을 인지하지 못하고, 가족들도 그들의 자녀를 돌보는 의료진에 어떻게 이야기를 꺼내야 할지 모를 수도 있을 것이다. 만약 자녀가 틱에 의해 일상생활에 심각한 방해를 받거나 틱이 큰 불편함을 초래하면 자녀의 치료사에게 이런 형태의 치료방법에 대한 정보를 주기 위한 노력도 필요할 것이며 지역의 다른 병원 또는 전문 병원에서 제공할 수 있는 치료에 대해 문의하는 것도 필요할 것이다.

치료법 적용의 혁신

최근에 행동치료의 유용성을 증가시키는 몇몇 혁신적 시도가 있었다. 첫 번째 혁신적 치료법 적용은 스카이프를 이용한 원격의료를 사용하는 습관 반전법(CBITS: Comprehensive Behavioural

Intervention for Tics)이 제공되고 있다는 것이다. 치료사와 아동이 한 방에 같이 있지 않아도 치료사와 아동이 원격으로 함께 할 수 있다는 것이다. 이 방법을 연구한 연구들의 연구결과 및 우리 자신의 의료 경험들까지도 이 방법은 치료를 하는 적당한 방법일 뿐만 아니라 같은 방에서 얼굴을 마주하고 앉아 있는 만큼 제대로 작동한다는 것을 보여준다(Himle 외, 2012; Ricketts 외, 2015). 이것이 의미하는 바는 틱이 있는 아동의 가족들이 치료사로부터 몇 백 마일 떨어져 살더라도 여전히 효율적인 치료를 받을 수 있다는 것이다.

또 다른 접근법은 아동이 습관 반전법(CBITS: Comprehensive Behavioural Intervention for Tics) 또는 반응예방(ERP: Exposure with Response Prevention) 치료법을 2, 3일 연이어 집중적으로 받을 수 있는 집중 외래 치료이다. 이때 다음 후속 진료는 몇 주 후에 잡음으로써 그 기간 동안 아동과 그 가족구성원들이 이 접근법을 아동의 매일 일상에 통합시킬 수 있도록 전략을 연습할 시간을 충분히 줄 수 있도록 한다. 우리 치료 경험으로서는 오랜 기간 매주 전문가 클리닉을 찾는 것이 실용적이지 않은 가족들을 위해서는 이 방법이 매우 유효한 것으로 드러났다.

투렛 증후군이 있는 사람들과 그들의 가족이 다른 투렛 증후군이 있는 사람들을 만남으로써 가질 수 있는 유익함에 근거해서, 우리는 습관 반전법(CBITS: Comprehensive Behavioural Intervention for Tics) 프로그램을 6세–11세의 아동들과 가족들 그룹에 동시 적용시켜 보았다. 치료를 마친 직후 틱의 감소율은 개인 치료를 실시했을 때보다 약간 더 감소추세를 보였다. 일 년 후 후속보고 역시 이 집단치료를 받았던 아동들이 비교그룹에 비해 지속적으로 적은 틱을 나타냄을 보여주었다.

또한 습관 반전법(CBITS: Comprehensive Behavioural Intervention for Tics)을 활용한 집단치료 후 좀더 긍정적인 삶의 질과 연관되는

학교 출석률이 높게 나타났으며 틱 조절능력도 더 강화되는 것으로 나타났다(Yates 외, 2016). 이렇게 그룹 접근법은 치료를 기다려야하는 웨이팅 리스트를 줄이는 효과가 있고, 치료사를 최적으로 이용하는 것을 가능하게 하며 지역 클리닉의 주니어 스탭들과 동료들을 훈련하는 계기도 되는 장점이 있다. 하지만 그룹형성을 위해서는 충분한 수의 어린이들을 확보해야만 한다.

가장 최근 유럽과 북미 지역의 연구자들은 www.tichelper.com과 같은 웹사이트로 가능한 교육자료와 행동치료프로그램을 적용시킨 연구를 실행하였다. 어떤 프로그램은 치료사와의 상호작용 없이 웹사이트를 통해 치료법에 접근할 수 있었고, 반면에 어떤 프로그램들은 아동이 컴퓨터 프로그램을 따라하는 동안 주로 이메일과 문자 등을 이용하여 치료사와 함께 하도록 하였다. 이런 접근법들이 얼마나 성공적이며 부모님들이 어떻게 수용하는지 아직까지는 지켜보는 과정이지만 분명한 것은 전문센터들이 있는 곳 가까이에 살지 않는 더 많은 사람들에게 치료를 제공할 수 있다는 점에서 전망이 밝다고 하겠다.

또한 최근 연구들은 치료를 하는 사람이 꼭 심리학자일 필요는 없다는 것을 보여준다. 적절한 훈련을 받고 관련 관리감독을 받은 클리닉의 직업치료사나 간호사들이 있는 클리닉에서의 효과적인 치료도 도움이 되는 중재를 제공할 수 있다는 것이다.

편견

부모님들이 틱이 있는 자녀들에게 도움이 되는 방법을 찾을 때 이런 행동치료에 대한 일반적인 편견이 있다. 흔히 가지는 편견과 관련한 질문과 그에 대한 답을 다음과 같이 요약해볼 수 있다.

- 만약 내 자녀가 틱을 참으면 참는 것을 멈췄을 때 틱을 갑자기 많이 하기 시작하지 않을까?

  - 많은 연구들의 연구결과들은 틱을 참는 것을 연습하는 것이 종합적으로 틱을 감소시킴을 보여준다. 아동이 틱을 잠시 참은 직후 틱을 측정해도 다시 발현하는 것을 보지 못했다.

- 만약 아동이 한 가지 틱 증상을 멈추면 다른 나머지 틱 증상이 더 나빠지는 것은 아닐까?

  - 실제로는 그 반대가 맞다. 관련 연구들에 의하면 어떤 틱을 조절하는 것을 학습하는 것은 심지어 다른 틱을 줄이는 것에도 도움이 된다는 것을 발견하였다.

- 만약 아동이 틱에 대응하느라 바쁘면 다른 것에 집중하는 것을 힘들어하지 않을까?

  - 아동들이 처음 틱을 조절하는 것을 배울 때에는 분명히 노력을 요한다. 따라서 아마도 중요한 학습시간이나 시험 때 조절을 연습하도록 하는 것은 좋은 생각이 아닐 수도 있다. 하지만 조절연습이 집중에 주는 영향은 작으며, 아동이 조절연습에 익숙해질수록 그 영향은 사라질 것이다.

- 만약 아동이 틱을 하는 다른 아동을 만나면 그 아동이 하는 새로운 틱을 따라하지 않을까?

  - 잠시 다른 틱을 하는 아동의 틱을 따라할 수도 있을 것이다. 하지만 이런 틱은 금새 사라진다. 보통 하루 또는 이

틀 정도 지속되다가 사라진다.

투렛 증후군과 함께 살아가기

최근 연구들에 의하면, 틱을 조절하는 것도 적응의 중요한 방법이지만 틱을 단지 조절하기보다는 투렛 증후군과 살아가는 하나의 도구로서 제공하자는 의도로서 좀더 광범위하게 집중된 심리적 치료를 평가하는 방향으로 가고 있는 것을 알 수 있다. 틱과 자존감, 불안 관리, 집중력과 과잉행동 관리 등을 포함하기 위해 좀더 넓은 치료 범위를 포괄하도록 디자인된 치료가 효과적인 것으로 강조되고 있는 것이다(McGuire 외, 2015).

Chapter 6

약물치료

틱을 영원히 종식시킬 수 있는 특정 약은 아직 존재하지 않는다는 것을 아는 것이 중요하다. 현재 약물치료가 최대한 할 수 있는 모든 것은 일정기간 동안 그 빈도나 심각성을 줄이는 것이다. 그러므로 약물을 사용한다면 그 목적은 아동이 학교와 가정에서 허용될 수 있는 수준으로 적절한 기능을 할 수 있도록 사용하는 것임이 강조되어야 한다. 최소한의 가능한 치료 용량만 사용되어야 하며 부작용을 살펴보아야만 한다. 부모님과 아동은 틱의 상태가 심하다가 약하다가 하는 흐름을 타며 틱이 심할 때는 약의 용량을 증가시킬 수도 있다는 등의 틱의 특성에 대해 정보를 받아야 한다. 의료진과 가족은 틱의 빈도나 심각 정도에 있어서 약물치료에 의한 감소인지 심리적 안정으로 인한 향상인지 결과를 모니터링해야 한다. PART 1에서 언급된 평가척도는 틱의 빈도를 모니터링하는데 도움이 될 수 있다.

대부분의 전문가들은 틱을 치료하는 과정 중 시기에 따라 그리고 아동의 틱 전개 상황에 따라 각기 다른 약물치료가 시도되어야 함에 동의한다. 때로는 과거에 시도해서 도움이 되지 않았던 약을 새로 시도했을 때 두 번째 시도에서는 효과적일 때도 있다. 이리하여 약물을 사용하는 데 있어서는 시행착오 접근법도 사용된다. 하지만 약물의 선택은 여전히 제한적이다.

약물 정보

약물사용과 관련해서는 많은 가이드라인과 보고서들이 있다. 복용량과 부작용에 대한 자세한 정보는 Roessner 외(2011)의 논문을 참조하면 좋다. 일반적으로 약물치료는 다음 상황들에서 고려되어야 한다.

- 고통 또는 불편함: 틱의 갑작스런 반복적 특성은 매우 고통스러울 수 있다. 특히 머리와 목의 틱이 그렇다. 때때로 틱은 두통 또는 편두통을 일으킨다.
- 자해: 어떤 틱은 반복적으로 스스로를 때리거나 다른 형태의 자해를 포함하기도 한다.
- 사회적 문제: 불행하게도 가장 스트레스를 일으키는 원인은 틱에 대한 다른 사람들의 반응이다. 때때로 틱이 너무 심해서 아동이 사회적 그룹에서 벗어나기를 원할 때도 있을 것이다. 이런 아동의 불안감이 과소평가되어서는 안 된다.
- 기능적 장애: 글쓰기나 여러 과업을 하는데 장애를 주는 틱의 특성에 의해서, 또는 교실에서 틱을 참고 있느라 신체적으로 그리고 정신적으로 지친 이유로, 학교생활을 하는 것에 방해를 받을 수 있다.

약물치료의 과학적 기초

앞서 PART 1에서 언급되었듯 투렛 증후군은 뇌의 신경전달경로에 기능적인 문제가 있을 수도 있다고 알려져 있다. 많은 연구들이 도파민 활성화 시스템에 있어 불균형이 있을 수 있다는 가설을 지지한다. 이는 [그림 6-1]에서 볼 수 있듯 투렛 증후군의 경우 뇌의 주요 영역에서 도파민(Dopamine)이 많이 나타나는 것을 고려할 때 놀라운 사실이 아니다. 많은 연구결과들이 선조체와 피질, 도파민 수용체의 증대된 수와 기저 신경절에서의 도파민 전달체 차이, 그리고 자극에 따른 도파민의 분출 등의 결과를 보여주었다. 따라서 시냅스 후부 부분의 수용체를 억제함으로써 도파민의 신진대사를 조절하는 것을 투렛 증후군의 치료에 사용하는 주요 작용이라 볼 수 있다.

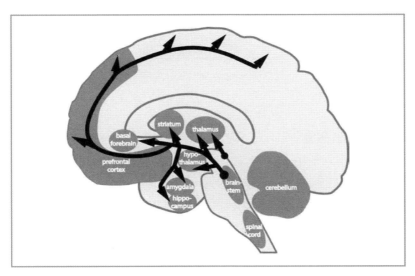

[그림 6-1] 도파민 경로

도파민 시스템은 투렛 증후군을 관장하는 것으로 알려져 있다. 하지만 세로토닌(Serotoninergic), 노르아드레날린(Noradrenergic), 글루탐산(Glutamatergic), 감마아미노 낙산(GABAergic), 그리고 오피오이드(Opioid) 시스템 같은 다른 시스템들 역시 모두 관여한다. 세로토닌의 경로는 [그림 6-2]에 잘 나타나 있다.

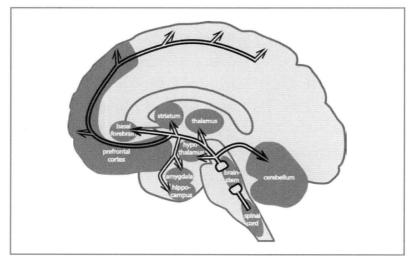

[그림 6-2] 세로토닌 경로

신경이완제 치료

신경이완제 약물(Neuroleptic Medication)들은 뇌의 기저핵에 도파민 수용체를 차단하는 약물 그룹을 포괄하여 지칭한다. 특히 그중에서도 D2도파민 수용체를 차단하는 것으로 알려져 있다. 이런 작용을 통해 틱의 감소를 초래할 수 있다고 전해진다. 하지만 수용체의 높은 차단율은 다른 부작용 역시 초래할 수 있다.

할로페리돌(Haloperidol)과 피모지드(Pimozide) 같은 약물은 1960년대부터 사용되어져 왔고 '무작위 이중 맹검 대조' 연구에서 이들 약물이 효과적인 사실이 발견되었다(Sallee 외, 1997; Shapiro 외, 1989). '무작위 이중 맹검 대조'는 아동이 자신이 어떤 약을 먹는지 모르는 것을 말한다. 각 아동에게 약의 할당량에 대한 편견을 피하기 위해 무작위 방법을 택한 것이다.

피모지드(Pimozide)는 영국에서는 사실 아동을 대상으로 하여서는 드물게 사용되는 약물인데 그 이유는 심전도 검사에서 심장에 영향을 미치는 것이 발견되었기 때문이다. 피모지드(Pimozide)와 할로페리돌(Haloperidol)의 부작용은 도파민 차단의 결과로 여러 기관의 긴장 이상이나 가만히 못 있는 정좌불능증 같은 다른 운동 기능에 있어서의 움직임 문제를 포함한다. 이외에 다른 부작용에는 불안감(anxiety), 프로락틴과잉증(hyperprolactinaemia), 그리고 체중 증가를 초래하는 식욕증대 등이 있는 것으로 알려져 있다.

벤자마이드

설피리드(Sulpride)와 아미설피리드(Amisulpiride)같은 벤자마이드(Benzamides) 역시 선택적 D2도파민 수용체 억제제이다. 할로페리돌(Haloperidol)보다는 부작용이 적은 것으로 알려져 있다. 몇몇 연구들은 설피리드(Sulpride)의 좋은 효과를 보여준다(Ho 외, 2009; Robertson 외, 1990). 주요 부작용은 진정작용(sedation), 그리고 때로는 우울(depression)을 포함한다. 식욕증가와 프로락틴(prolactine) 분비 증가도 발생할 수 있다.

비정형적 신경이완 약물

비정형적 신경이완 약물(Atypical neuroleptics)들은 도파민 (Dopamine)과 세로토닌 수용체(Serotonin receptors)들을 부분적으로 차단함으로써 작용하는 약물이다. 부작용 감소로 인해 정형적인 신경이완제 사용보다 나은 선택이라고 할 수 있다. 관련 연구들에 의하면 부작용으로서 체중증가가 문제이기는 하나 할로페리돌 (Haloperidol)보다는 부작용이 적으므로 리스페리돈(Risperidone)이 더 효과적임을 보여주었다(Schahill외, 2003). 리스페리돈(Risperidone) 은 투렛 증후군이 극심한 사람들에게서 보일 수도 있는 공격적 행동을 감소시키는 데도 도움이 된다고 알려져 있다. 영국에서 자주 사용되는 또 다른 약물들은 쿠에티아핀(Quetiapine)과 아리피프라졸 (Aripiprazole)이다(Mukaddes 외, 2003; Yoo 외, 2006). 유럽과 미국에서 는 피모지드(Pimozide)가 사용됨에도 불구하고 심장과 관련한 부작용에 대한 우려 때문에 영국 의료진들에 의해서는 광범위하게 사용되지는 않는다.

노르아드레날린성 작용제

클로니딘(Clonidine), 구안파신(Guanfacine), 그리고 아토목세틴 (Atomoxetine)같은 노르아드레날린성 작용제(Noradrenergic Agent)는 틱과 주의력결핍과잉행동장애(ADHD) 증상들이 함께 있는 아동에게 유용한 것으로 알려져 있다. 앞서 소개된 약물들보다 이 약물들과 관련해서는 틱의 감소를 연구한 무작위 대조군 연구는 적은 편이다. 그럼에도 불구하고 관련 연구들은 클로니딘(Clonidine)이 틱

감소에 효과적일 수 있음을 밝혔다(Leckman 외, 1991). 부작용이라 할 수 있는 부정적 반응으로는 진정작용(sedation), 두통(headache), 구강 건조증(dry mouth), 그리고 때로는 우울(depression)을 포함한다. 클로니딘(Clonidine)은 또한 혈압을 낮춘다. 따라서 이 약을 사용할 때는 혈압 모니터링이 필요하며, 갑자기 높은 혈압(반동고혈압)을 초래할 수 있으므로 갑자기 투약을 멈춰도 안 된다.

대안 약물

테트라베나진(Tetrabenazine)은 도파민(Dopamine)과 세로토닌(Serotonin)을 격감시키고 도파민 수용체를 차단한다. 하지만 단지 몇몇 연구들만 효과성을 증명했고 이들 약물의 부작용은 어지러움증(drowsiness), 메스꺼움(nausea), 그리고 움직임 운동장애를 포함한다(Kenney 외, 2007).

〈표 6-1〉 틱을 위한 약물

신경이완성 약물	비신경이완적 약물
할로페리돌(Haloperidol)	클로니딘(Clonidine)
리스페리돈(Risperidone)	구안파신(Guanfacine)
설피리드(Sulpride)	테트라베나진(Tetrabenazine)
아리피프라졸(Aripiprazole)	니코틴 패치(Nicotine Patch)
쿠에티아핀(Quetiapine)	보툴리늄(Botulinum Toxin)

니코틴(Nicotine)도 껌이나 페치 형태로 할로페리돌(Haloperidol)의 효과를 증대시키는데 약간의 효과가 있는 것으로 알려져 있다(Silver 외, 1996). 보툴리늄(Botulinum)도 특히 중증인 음성 틱에 있

어서 성대에 영향을 줌으로써 효과가 있어 사용되기도 하였다(Porta 외, 2004).

틱이 있는 아동의 동반 중상 치료

주의력결핍과잉행동장애(ADHD)가 있는 아동을 위해 사용되던 메틸페니데이트(Methylphenidate) 같이 중추신경계를 자극하여 집중력을 조절하고 각성을 향상시키는 자극제가 어떤 환자들에게는 틱을 촉발하거나 악화시킬 수도 있다는 우려가 오랫동안 있어왔다. 그러나 이런 우려 자체만으로는 투렛 증후군과 동반하기도 하는 주의력결핍과잉행동장애(ADHD)에 있어서 약물사용금지 이유가 되지 않는다. 관련 연구들은 이런 자극제 사용으로 아동의 틱에 향상이 있었음을 보여주기도 하였다(Gadow 외, 1999; 투렛증후군연구그룹, 2002). 하지만 틱 증상이 심해질 가능성도 있다는 설명은 가족에게 해주어야 하며 만약 틱 증상이 갑자기 더 심해지면 약물치료는 즉시 재검토되어야 한다. 증상이 심해졌다가 다시 좋아졌다가 하는 틱의 자연적 특성상, 틱이 아동에게 심각한 영향을 미치지 않는 이상 몇 달 정도의 시간 동안 약물에 대한 반응을 신중하게 모니터링하는 것이 중요하다. 이후 의사와 가족 간의 합의결정이 따라야 한다.

플루옥세틴(Fluoxetine)과 설트랄린(Sertraline) 같은 선택적 세로토닌 재흡수 억제제(SSRI: Selective Serotonin Reuptake Inhibitor)도 투렛 증후군과 동반 강박장애(OCD)가 있는 환자의 특정 강박 증상들을 치료하기 위해 사용될 수 있다.

요약하자면 약물을 사용할 때는 항상 경고가 요구된다. 다만 도파민 억제 약물의 사용으로 증세의 향상을 보였다는 연구들이 있다. 특히 만성 틱이 있는 아동을 치료하는 동안에는 세 가지에서 네 가지의 다른 약물들을 연속해 사용하는 의료진들도 있다. 최신 정보를 제공하기 위하여 국가 및 국제적 가이드라인을 참고할 것을 추천한다(Roessner 외, 2011; Pringsheim 외, 2012).

Chapter 7

신경외과수술

　　1960년대부터 30건이 넘는 투렛 증후군을 위한 외과 수술적 치료에 대한 보고가 있었다. 그 과정은 뇌의 일부에 병변을 만드는 것을 포함한다. 이 방법은 대뇌전두엽백질절단술로 불린다. 주로 선택되는 뇌의 부위는 전두엽 대뇌피질, 대뇌번연계 등을 포함한다. 정신의학계에서의 많은 다른 초기 뇌수술과 같이, 초기 연구들은 제한점을 가지고 있다. 결과가 적절하게 정량화되지 못했고 임상 선택도 모든 사례에 적용될 수 있는 엄격한 기준과 규정을 따르지 못했다. 몇몇 성공적인 보고도 있었지만 또한 매우 심각한 합병증들도 보고되었다.

　　70년대에 들어서 한 외과의사 팀이 시상핵 절제를 한 투렛 증후군이 있는 9명의 환자들의 사례에서 틱 빈도가 50-100퍼센트 감소했음을 보고하기도 하였다(Hassler 외, 1973). 여기서 더 중요한 것은 부작용과 합병증이 적었다는 것이다. 이 시술에서는 투렛 증후군을 위한 뇌 자극의 첫 연구에서 사용된 것과 마찬가지로 뇌의 시상 영역이 선택되었다.

뇌 자극

　　뇌 자극(DBS: Deep Brain Stimulation)은 전자기 뇌 자극 치료의 한 형태로서 뇌 부위에 접하는 전도체를 통해 뇌의 세포조직의 특정 영역에 지속적인 자극을 제공하는 맥박 발전기기(purse generator)를 사용하는 방법이다. [그림 7-1]에서 보듯 이 치료는 뇌의 두개 골에 구멍을 내어 전도체(electrodes)를 심는 것을 포함한다. 전도체의 이식은 해부학적 경계를 식별하는 신경촬영법과 전기생리학적 녹음을 사용하는 임상적 정확도와 세심함을 요구한다.

　　일단 전도체가 정확한 위치에 자리잡으면 내부 맥박 발전기기

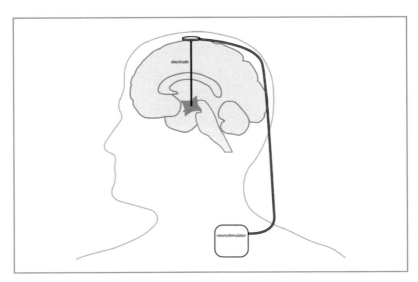

[그림 7-1]　심층 뇌 자극

피부 내에 삽입되는데, 보통 위쪽 가슴에 인접한 쇄골 아랫부분이다. 전자 맥박은 조정이 가능하고 이리하여 정확한 결과에 도달할 때까지 미세 조정하는 데 시간이 걸릴 수 있다.

1980년대 후반부터 뇌 자극은 만성적 파키슨병(Cronic Parkinson's Disease)과 동작장애(Movement Disorders)가 있는 사람들을 돕기 위해 광범위하게 사용되었고, 또한 성공적인 효과를 가져왔다. 그러나 치료의 정확한 작용원리 구조는 밝혀지지 않은 채로 남아있다는 것을 알고 있어야 한다.

투렛 증후군과 뇌 자극

파키슨병(Parkinson's disease)이 있는 사람들에게서 보인 뇌 자극 치료의 성공은 임상 전문성을 활용하는 병의 원인의 정확한 이해로부터 결과가 나온 것이지만, 해부학과 병리학의 이해를 향상시키는 동물실험 연구로부터도 도출된 것이다. 하지만 투렛 증후군에 있어서는 신경계의 전기회로망과 병리학적 부분에서의 작용이 아직 밝혀지지 않았다.

투렛 증후군의 뇌 자극 연구는 1999년에 실행되었다. 이때 치료의 목표 타겟이 되었던 뇌의 영역은 뇌 중앙 내부의 시상핵 부분이다(Vandewalle 외, 1999). 이 영역은 기저핵과 시상에 관련된 회로의 역기능 작용에 관여하는 것으로 유추된다. 이런 뇌의 비정상적 기능이 불수의적 움직임을 억제하는 것을 실패하게 만들어 틱을 일으킨다는 것이다. 이 같은 연구를 실시한 동일한 팀에 의해 몇몇 연구가 더 실행되었는데, 뇌 자극을 통해 틱 빈도의 72퍼센트에서 90퍼센트의 감소율을 보였다고 보고하였으며 틱뿐 아니라 투렛 증후군과 동반한 강박행동 역시 향상됨을 발견했다고 보고하였다(Visser-Vandewalle 외, 2006).

　1999년 이래 시상핵(Thalamic Nuclei)과 담창구(Pallidium)를 치료 타겟으로 하는 외과 수술과 관련된 사례보고가 꾸준히 있어 왔다. 뇌 자극 연구에서 적어도 9개의 다른 뇌 영역이 치료 타겟으로 식별되었다. 어떤 영역을 치료목표 타겟으로 할지의 선택은 의료진의 장애에 대한 이해에 달려 있다고 해도 과언이 아닐 것이다. 어떤 의사는 투렛 증후군이 움직임에 관한 문제이므로 감각운동 영역을 타겟으로 하고, 어떤 의사는 틱을 강박 또는 강박을 억제하지 못하는 문제로 보아서 대뇌번연계를 타겟으로 하기도 한다.

　이와 관련한 대부분의 연구들은 사례연구들인데 몇몇 연구는 한 환자의 사례보다 좀더 많은 사례를 포함하고 있기도 한다. 2008년 이탈리아의 연구는 뇌 자극 치료를 받은 18명의 환자 사례를 보고하였다(Servello 외, 2008). 연구결과는 뇌 자극 치료 12개월 후 65퍼센트의 틱 증상의 호전이 있었다고 보고하고 있다. 2007년 클리브랜드 연구는 다섯 명의 환자를 연구했고 뇌 자극 치료 후 운동성 틱과 음성 틱에서 현저한 틱 증상의 감소를 발견한 것으로 보고하였다(Maciunas 외, 2007).

　선택의 기준과 증상의 다양성뿐 아니라 뇌 타겟 부분의 다양성 및 함께 발생하는 증세들 때문에 모든 연구를 비교하는 것은 매우 어려운 상황이다. 또한 명심해야 할 것은 성공적인 사례들이 성공적이지 못한 사례들보다 훨씬 자주 논문으로 출판되거나 보고된다는 것이다. 혈종(haematoma)과 출혈(bleeding) 같은 외과 수술 과정으로부터 오는 문제 외의 합병증으로 피로(tiredness), 반신부전 마비(hemiparesis), 우울증(depression)과 정신병(psychosis)도 포함한다. 현재는 뇌 자극을 실행하는 의료진들을 위한 분명한 가이드라인이 있는데(Mink 외, 2006; Muller-Vahl 외, 2011), 영국의 기준은 다음과 같다.

- 반드시 25세 이상
- 기능적 장애와 함께 만성적 심각한 틱이 있는 경우
- 적절한 약물로 치료를 받아 왔으나 결과가 안 좋았던 경우

　시술의 제외기준은 다른 신경학적 원인에 의해 초래된 틱이거나 의사지시에 따르지 않았던 과거 전력 등으로, 치료과정의 위험을 증대시킬 수 있는 중요한 심리·사회학적 요인들을 포함한다.

　거의 80명의 환자들을 대상으로 한 뇌 자극 연구들이 존재함에도 불구하고 뇌 자극 치료는 여전히 엄격한 윤리적 인증과 가이드라인이 요구되는 실험적 과정이다. 좀더 많은 연구가 필요하다.

Chapter 8

아직까지 인증되지 않은 치료들

투렛 증후군이 있는 아동이 있는 모든 가족을 위해서라도 어딘가에 치료제가 있거나 심지어 아동의 틱에 확실하고 오래 작용할 치료방법이 있을 것이라는 희망을 가진다. 위에서 설명한대로 이제까지의 연구와 치료법은 대부분 아동의 평균 30−40퍼센트 정도에서만 틱을 감소시키는 경향이 있는 것으로 알려져 있다.

많은 가족들이 투렛 증후군과 틱 치료를 위해 다양한 치료법을 시도한다. 어떤 가족들은 그들 자녀들의 틱을 감소시키려고 수많은 다른 전략들을 시도한 끝에야 결과를 얻기도 한다. 전형적으로, 전통적인 의료진들은 이미 검증된 증거가 있는 치료법을 시도해보도록 추천할 것이다. 몇 가지 치료법은 증거가 충분하지 않다고 설명할 것이다. 이 장에서 소개하는 아직까지 인증되지 않은 치료들과 관련한 리스트는 완전한 것이 아니며 간단한 개요만을 소개함을 명심해주기 바란다.

침술요법

침술요법(Acupuncture)은 고대 중국 의학에서 유래된 치료법이다. 침술요법은 치료의 목적으로 신체의 특정 부분에 가는 바늘을 찔러 넣는 방식이다. 침술요법은 유체흐름으로 불리는 에너지가 신체를 통해 흐른다는 믿음에 근거한 것으로, 이 방식으로 근육조직과 피부 아래의 신경을 자극한다는 증거가 있다. 틱 증상이 있는 사람들을 위한 침술요법의 목적은 개인의 틱을 감소시키거나 없애는 것이다. 과거 20년 동안 투렛 증후군이 있는 사람들을 대상으로 한 침술요법을 연구한 많은 연구들이 있어왔다. 그러나 현재까지 연구의 질에 대한 평가 문제가 있으며 몇몇 사례연구들은 침술요법의 몇 가지 유익성을 강조하고 있다.

두개천골요법

두개천골요법(Craniosacral Therapy)은 신체의 두개골천골 체계 균형에 매우 가벼운 처치를 하는 방식이다. 이런 형태의 중재가 틱 조절을 돕는다는 증거는 작다. 사실 이 방식을 어린 아동에게 사용하는 것의 안전성에 대한 경고가 있어왔다.

치과교정기구

아동의 틱을 감소시키기 위한 치과교정기구(Dental Orthotics)의 유익함은 정확한 증거는 거의 없이 최근 몇 년간 많이 홍보되어왔다. 치과진료에서 사용되는 맞물리는 교합기구로 알려진 치아교정 기구는 일반적으로 꽤 흔한 턱관절의 연결 부적합의 치료에 전형적으로 사용되는 것으로서 제거가 가능한 마우스피스를 말한다. 이 방식은 턱관절 연결의 이상이 척추삼차신경핵의 반사 신경을 통해 틱을 일으킬 수 있다는 생각에 근거한다. 치과교정기구를 사용하는 것이 만성적 틱이 있는 사람들에게 도움이 되고 틱을 감소시킨다는 보고들도 있다. 이 방법이 확실히 효과가 있는지 증명하기 위해 미국 투렛 증후군 협회에 의해 의료적 실험이 지원되기도 하였다. 이 치료를 위한 비용은 만 파운드(만오천 달러)까지 들 수 있으므로 신중한 고려가 필요하다.

신체운동

관련 실험연구와 커뮤니티 지역 연구들은 정규적인 운동이 틱을 감소하는데 유익하다고 제안한다. 실제로 많은 연구에서 규칙적인 운동은 기분과 불안 레벨을 향상시키는 결과를 보여준다. 관련 연구에 의하면 닌텐도의 Wii 피트를 한 시간하는 것과 같이 짧은 시합 또는 30분간의 에어로빅은 틱을 감소시키고 기분을 향상시킨다고 보고한다(Liu 외, 2011; Nixson 외, 2014; Packer-Hopke 외, 2014). 우리의 임상 경험으로도 트램펄린, 풋볼, 또는 방과 후 산책과 같은 운동을 하는 것이 유익함을 알 수 있었다. 그러나 어떤 형태의 운동이 특별히 유익한지 이해하기 위해서는 더 많은 연구가 필요하다. 일반적으로 운동은 재미있어야 하고 아동이 자신에 대해 긍정적으로 느끼게 도움을 줄 수 있어야 하며 스트레스를 관리할 수 있는 능력을 증대시켜 줄 수 있어야 한다.

음악과 집중

이 분야에서의 연구는 제한적임에도 불구하고, 많은 사람들이 악기를 연주하거나 노래를 부를 때 틱이 감소한다고 보고한다. 이는 어떤 활동에 집중할 때 대부분의 사람들의 틱이 감소하는 사실을 볼 때 놀라운 일은 아니다. 최근 연구는 독일의 집단연구에서 음악을 듣거나 악기를 연주할 때 틱이 감소했음을 보고하고 있다 (Bodeck 외, 2015). 투렛 증후군이 있는 많은 사람들이 점토 같은 것으로 놀이를 하거나 껌을 씹거나 하는 것에 집중하는 것이 매우 도움이 된다고 보고하는데, 특히 이런 방법들이 음성 틱이나 몸 틱에 효과가 있다고 한다. 어떤 사람들에게는 걸을 때 가볍게 박자를 맞추거나 이어폰을 통해 음악을 듣는 것이 큰 도움이 된다.

영양 보충

어떤 특별한 식습관이나 보충제가 틱을 좋게 하거나 나쁘게 한다는 확실한 과학적 증거는 없다. Muller-Vahl(2008)의 연구는 독일에서 투렛 증후군이 있는 사람들의 식습관을 조사한 연구이다. 연구결과, 카페인과 설탕을 함유하는 음료가 틱을 더 악화시킨다고 보고하였다. 마그네슘과 비타민 B12가 틱을 향상시키는 것으로 연구가 되어야 한다는 제안도 있었으나 현재까지 연구된 정확한 결과는 없다.

틱이 있는 아동의 가족들은 특정 음식을 피했을 때 아동의 틱이 향상된 것을 경험하였다고 보고하기도 한다. 아동이 균형 잡힌 식습관을 따르는 한 도움이 되는지 보기 위해 특정 음식을 제외시켜 보는 것이 문제가 되지는 않을 것이다.

결론

부모님들은 비용이 많이 드는 치료제나 가족들과 자녀에게 고통, 실망 또는 불편함을 야기 시킬 가능성이 있는 치료에 대해서는 경계해야만 한다. 부모는 부모로서 구할 수 있는 정보를 고려하고 어떤 치료가 자녀에게 가장 최적인지 결정하는 위치에 있다. 만약 불확실하거나 치료방법의 장점과 단점을 평가하기 위해서는 부모의 의견을 존경받을 수 있고 신뢰할 수 있는 건강 전문가들과 상의하는 것이 매우 도움이 된다.

부가증상

Chapter 9

주의력결핍과잉행동장애

주의력결핍과잉행동장애는 무엇인가?

주의력결핍과잉행동장애(ADHD: Attention Deficit Hyperactivity Disorder)는 투렛 증후군과 함께 가장 흔히 발생하는 증세이다. 주의력결핍과잉행동장애는 12세 이전에 인지되는 장애로서, 아동의 기능과 발달을 방해하는 부주의와 과잉행동 충동의 지속적인 패턴으로 묘사된다.

주의력결핍과잉행동장애(ADHD)는 얼마나 일반적인가?

전 세계적으로 3-10퍼센트의 아동들이 주의력결핍과잉행동장애를 가진 것으로 사료된다. 이는 성인기에서 4퍼센트 정도의 낮은 발현비율과 대조된다. 여자 어린이보다 남자 어린이에게서 2배 −3배 더 많은 것으로 알려져 있다.

주의력결핍과잉행동장애(ADHD)의 특징

주의력결핍과잉행동장애는 부주의 형태, 과잉행동형태, 충동형태, 또는 이 세 가지 증세의 복합 형태로 나타낼 수 있다. 주요 특징은 <표 9−1>에 나타나 있다.

〈표 9−1〉 주의력결핍과잉행동장애(ADHD)의 특징

부주의	과잉행동	충동

•부주의한 실수
•집중 유지의 어려움
•경청하고 있는 듯
  보이지 않음
•과업 완수 실패
•지속적인 집중을
  요구하는 과업 회피
•체계화의 어려움
•물건을 잃어버림
•쉽게 산만해짐
•잘 잊어버림
	•가만히 못 있음
	•앉은 채로 있지 못함
	•과도하게 움직임
	•놀면서 시끄러움
	•끊임없이 활동함
	•과도하게 말이 많음
		•질문이 끝나기도 전에
		  대답을 불쑥 내뱉음
		•끊임없이 대화에
		  끼어듦
		•자기 차례를 기다리기
		  어려움

주의력결핍과잉행동장애가 있는 아동은 행동에 제동을 걸기가 어렵다. 대부분의 아동이 행동과 생각을 가동함에 있어 일반적으로 스스로 통제를 할 수 있음에 반해 이런 것들이 매우 힘든 아동들이 있다.

부주의와 관련한 어려움은 어린 아동이 컴퓨터 사용과 같이 자신이 매우 즐거워하는 과업을 하지 않는 이상 그 외의 다른 일은 매우 쉽게 지겨워함으로써 나타난다. 청소년기에 이르면 이들 증상은 좀 다르게 나타날 수 있는데 과업을 수행함에 있어 눈에 띄지 않는 실수를 하거나 자주 몽상에 빠진 듯이 보일 수도 있다.

과잉행동 역시 아동의 연령에 따라 다르게 나타난다. 하지만 일반적인 과잉행동에 대한 이해는 항상 끊임없이 활동하는 것처럼 보이는 것이다. 주의력결핍과잉행동장애가 있는 아동은 저녁식사 시간 전체 동안 식탁에 앉아있거나 수업시간 내내 자리에 앉아있는 것도 참기 어려워 고군분투할 수 있다.

주의력결핍과잉행동장애에 있어 충동요인은 전형적으로 인내심을 가지는 것에 어려움을 느끼는 것으로 나타난다. 주의력결핍과잉행동장애가 있는 아동은 아마 줄을 서서 기다리거나 하는 일에 어려움을 느낄 것이다. 또한 다른 사람이 말하는 것을 방해하지 않고 듣고 있을 수 없거나, 자신이 이야기를 하려면 손을 들어 양해를 구해야 한다는 것은 생각도 하지 못하고 교실에서 대답을 불쑥 내뱉거나 할 수도 있을 것이다.

주의력결핍과잉행동장애(ADHD)의 원인은 무엇인가?

주의력결핍과잉행동장애와 투렛 증후군 둘다 성숙이 좀더 느린 뇌의 움직임과 제동(억제)시스템에 의해 발생하는 것으로도 알려져 있는데 여러 가지 복잡한 많은 뇌의 영역이 관련되어 있다고 알려져 있다. 뇌 영상과 관련한 연구들에 의하면 주의력결핍과잉행동장애가 있는 아동들이 주의력결핍과잉행동장애가 없는 또래들보다 성숙 정도가 2년 정도 느리다고 제시한다(Shaw 외, 2006).

주의력결핍과잉행동장애(ADHD)와 투렛 증후군

주의력결핍과잉행동장애가 있는 아동의 30퍼센트 정도가 틱 증세가 있고, 틱이 있는 아동의 3분의 2 정도가 주의력결핍과잉행동장애의 진단 기준에 해당된다고 알려져 있다. 모든 다른 신경 발달적 증상과 마찬가지로 주의력결핍과잉행동장애도 다양한 스펙트럼이 있으므로 주의력결핍과잉행동장애와 틱 증상 모두를 고려하는 것이 중요하다.

약한 정도의 집중문제를 가지고 있는 대부분의 아동은 주의력결핍과잉행동장애의 진단 기준에는 맞지 않을 것이다 하지만 가정과 학교에서 집중을 돕는 전략을 사용해 어느 정도 도움을 받을 수는 있을 것이다. 학교에서는 문제를 보이지 않더라도 집에서는 문제를 보이는 경우와 같이 한 영역에서 일시적인 가벼운 장애를 보일 수도 있는데, 이는 주의력결핍과잉행동장애로 진단될 가능성은 적다. 하지만 전문가와 의논하는 것은 분명 큰 도움이 될 수 있다.

주의력결핍과잉행동장애와 투렛 증후군 모두 가족 내 유전 영향을 어느 정도 받는 것으로 알려져 있다. 쌍둥이를 연구한 연구결과들에 따르면 일란성 쌍둥이들에게서는 50−90퍼센트의 유사 일치도가 나타났고 이란성 쌍둥이들에게서는 20퍼센트 정도의 유사 일치도가 나타났다. 또한 임신 중의 흡연, 조산, 출생 시 문제와 저체중 같은 환경적 요인들도 투렛 증후군과 주의력결핍과잉행동장애의 발현에 영향을 미친다고 한다.

주의력결핍과잉행동장애와 투렛 증후군이 둘다 있는 아동은 매우 활동적이고 많이 돌아다니는 경향이 있어 의사들이 틱으로부터 주의력결핍과잉행동장애 증상들을 구분해내기가 어려운 경우가 많다. 이 말은 때로는 틱이 있는 아동들에게서 주의력결핍과잉행동장애가 인지되지 않을 수도 있다는 뜻이다. 따라서 진단을 위해서는 정교한 평가가 이루어져야한다. 투렛 증후군이나 주의력결핍과잉행동장애의 평가에서 뇌 스캔 같은 검사는 드물게 행해진다. 어떤 진단 센터에서는 집중과 과잉행동 검사를 컴퓨터 검사로 행하기도 한다.

주의력결핍과잉행동장애 증상들은 어린이집이나 초기 학교시기에 나타남으로써 보통 틱보다 어린 나이에 나타나는 것으로 알려져 있다. 예전에는 아동이 어른으로 성숙해가면서 주의력결핍과잉행동장애의 증상들도 사라진다고 생각되던 때가 있었다. 하지만 현재는 절반 정도는 어른이 되어도 약물치료나 인지행동치료로 도움을 받을 수는 있는 정도의 증상들을 지속적으로 경험하는 것으로 보고되고 있다. 그리고 투렛 증후군이 있는 아동에게서 나타나는 주의력결핍과잉행동장애의 방식은 투렛 증후군이 없는 아동에게서 나타나는 방식과 별 다른 것이 없어 보인다고 한다(Spencer 외, 2001).

주의력결핍과잉행동장애(ADHD)의 관리

틱이 있는 아동의 주의력결핍과잉행동장애 치료는 증상이 아동에게 미치는 영향에 대한 충분한 이해에 근거한다. 이상적으로는 평가진단이 학교에서의 진척, 우정이나 가족관계 등에 도움을 줄 수 있어야 하는 것이다. 주의력결핍과잉행동장애가 있는 아동을 위해 매우 구체적으로 잘 연구된 치료방법들이 있는데(NICE:

National Institute of Clinical Excellence, 2016), 이들은 주의력결핍과잉행동장애와 투렛 증후군을 함께 가지고 있는 아동을 위해서도 사용된다.

관련 연구결과들에 의하면 주의력결핍과잉행동장애의 치료는 아동의 긍정적인 진전을 확신하는 것이 매우 중요하다. 대부분 주의력결핍과잉행동장애의 치료목표는 삶과 일상 기능에 있어서 긍정적인 질을 향상시키는데 있다. 이 분야의 연구들은 각 상황에 대한 학습, 다시 말해 원인, 시간에 따라 변화하는 증상, 다른 이에게 어떻게 상태를 설명하는가 등에 대해 학습하는 것이 중요한 첫 단계라고 한다. 아동이 그의 상태에 대해 스스로 이해하는 것도 중요하지만 가족이나 선생님들 같이 아동의 삶에 중요한 사람들의 이해도 중요하다.

만약 증상이 가볍다면 이런 이해 정도의 중재만으로도 충분하다. 그리고 증상에 대해 학습하는 것에 더하여 주의력결핍과잉행동장애와 투렛 증후군이 함께 있는 아동들에게는 교실 앞자리에 앉게 한다든지, 단순한 지시를 사용한다든지, 시각적인 시간표를 사용한다든지 등의 환경에 작은 변화들을 줌으로써 도움을 제공할 수 있다. 이는 모든 아동들에게도 동일하게 적용될 수 있는 제안이겠지만 특히 충동적이고 집중이 약한 경향이 있는 아동을 위해서는 무엇보다도 구조화된 일상이 매우 중요하다는 것을 유념할 필요가 있다.

약물치료

약물치료는 주의력결핍과잉행동장애가 있는 아동을 위한 흔한 치료법이다. 특히 지난 십년 동안 서구에서의 약물사용 치료법은 급격하게 증가해온 추세이다. 그간 틱이 있는 아동에게 몇 가지 주의력결핍과잉행동장애를 타겟으로 한 약물의 사용은 논란이 많았던 것이 사실이다. 과거에는 이들 약물치료제가 주의력결핍과잉행동장애가 있는 아동에게 틱을 일으키게 하거나 증대시킨다고 믿기도 했다.

그러나 1980년대 이래로 관련 연구들은 그런 약물들이 틱이 있는 아동의 증상에도 효율적이고 안전함을 보여주었다. 약물이 틱을 발생시키거나 증대시킨다는 과거의 믿음은 아마도 틱이 6세에서 9세에 자주 시작되고 이때가 약물치료가 시작되는 가장 흔한 시기이기 때문인 것으로 사료된다.

종합적으로, 경험 많은 의료진들의 공통 의견은 약물치료가 틱을 일으키거나 증대시킨다는 증거는 희박하다는 것이다. 영국국립보건임상연구원의 지침은 아동을 둘러싼 부정적인 반복적 순환을 줄이기 위해 그리고 새로운 전략과 행동패턴을 발달시킬 가능성을 열어두기 위해 약물치료는 단기간 치료로 쓰여야만 한다고 제안한다.

이때 많이 쓰이는 약물은 리탈린(Ritalin)과 같은 메틸페니데이트(Methylphenidate)와 암페타민(Amphetamine)과 같은 자극제, 그리고 클로니딘(Clonidine) 같은 혈압강하제이자 편두통 예방제를 포함한다.

심리학적 치료

주의력결핍과잉행동장애가 있는 아동의 연령에 따라 각기 다른 치료법이 효과적이라는 연구결과들이 있었다. 초등학교나 그 이하의 어린 아동을 위해서는 부모가 아동의 바람직한 행동에 어떻게 긍정적으로 반응하고 부정적이거나 바람직하지 않은 행동에는 어떻게 무관심을 표해야 하는지, 부모기술을 알려주는 부모교육 프로그램에 대한 연구가 많다(Triple 외, 2004; Johns 외, 2008; Thompsondlem 외, 2009). 이들 프로그램들은 부모님들과 아동들이 매주 긍정적이고 건설적이며 몰입할 수 있는 함께하는 시간을 가질 수 있도록 기회를 제공함과 동시에 보상체계를 잘 활용하고 부모님들의 일관성의 중요성을 강조한다.

많은 부모님들이 '부모훈련'이라는 명칭을 꺼림에도 불구하고 부모훈련은 비판적인 개념으로서의 의미가 아니다. 사실 주의력결핍과잉행동장애가 있는 아동의 부모님들은 절망에 대한 극복과 높은 정도의 인내심 같은 자질뿐 아니라 고도로 발달된 부모기술을 필요로 한다. 이런 자질들은 '슈퍼부모기술'이라 불리기도 한다.

스스로 주의력결핍과잉행동장애가 있는 부모의 경우에는 그들 자신이 겪고 있는 문제 자체의 어려움 때문에 그들의 자녀의 계획과 체계화를 지원하는 것이 더 어려운 일일 수 있다. 이런 경우 자녀의 의사를 듣고 자녀와 분명히 상의를 해야만 한다. 만약 부모가 스스로의 문제에도 고군분투하는 상황이라면 본인의 문제에 대해서도 전문가와 상의를 해야만 한다. 만약 치료가 필요하다면 이는 오히려 본인뿐 아니라 자녀에게도 이로운 일일 것이다.

아동이 학교 내에서 지원을 받는 것 역시 매우 중요하다. 또래 개인지도와 컴퓨터 지원 같은 아동중심의 학업 중재가 좋다고 알려져 있다. 물론 중재지원의 강도는 아동이 나타내는 증상의 중증 정도에 따라 이루어져야 한다. 학교생활의 특성상 학교에서는 규칙적인 시간표에 따른 생활로 인해 아동이 자신의 일상을 예측하기 쉬울 수 있다.

이런 높은 예측도와 학교의 구조적인 시스템으로 인해 아동의 증상이 학교에서는 덜하고 대신 학교보다 가정에서 증상이 좀더 심하다고 한다면 이런 경우에는 부모님이 가정에서 제공할 수 있는 중재를 우선 신경써야 할 것이다. 하지만 주의력결핍과잉행동장애가 있는 아동이 특정 학습장애가 있는 경우라면 그 아동은 학교에서 더 힘든 상황일 수도 있을 것이다. 이런 경우에는 대부분의 우선적 지원이 교육적 맥락 차원에서 요구될 것이다.

주의력결핍과잉행동장애가 있는 청소년들과 성인을 대상으로 스스로의 생각과 행동을 변화시킬 수 있도록 지원하는 인지행동치료(CBT: Cognitive Behavioural Theraphy)가 도움이 된다는 증거들이 있다. 인지행동치료 프로그램들은 주로 수면과 일상생활의 구조와 목표, 정리, 그리고 라이프 스타일링을 돕는 전략을 촉진시키는 치료에 중점을 두는 경향이 있다. 때로는 주의력결핍과잉행동장애가 있는 청소년을 지원하는 것에 많은 어려움을 느낄 수 있다. 요즘은 스마트폰으로 계획 등을 상기시켜 주는 등과 같은 과학기술을 활용함에도 불구하고 주의력결핍과잉행동장애 전문 코치의 실질적 지원이 더 도움이 된다는 결과들도 있다. 최근 연구에 따르면 인지행동치료와 부모훈련 같은 행동중재가 주의력결핍과잉행동장애와 투렛 증후군이 있는 아동에게 나타날 수 있는 분노와 공격적 행동을 조절하는 데 도움이 된다고 한다(Sukhodolsky 외, 2016).

결론

주의력결핍과잉행동장애를 위한 치료의 가장 중요한 양상은 아동 자신과 그를 둘러싼 주변의 중요한 사람들, 그리고 선생님들이 상황을 이해할 필요가 있다는 것이며, 이에 관련한 정보는 일찍 제공되어야 한다는 것이다. 중재가 일찍 시작될수록 아동에게 긍정적인 결과를 가져오기 쉽다는 증거가 있다. 아동의 신경 발달적 어려움 때문에 초래되는 문제행동임에도 불구하고 부모와 선생님들이 이에 대한 이해가 없으면 단지 아이가 버릇없다고 느끼게 되고 이는 아동을 대하는 태도에 영향을 미치게 된다. 그리고 이런 어른들의 태도는 아동의 반응에도 다시 영향을 미치게 된다. 이런 악순환은 이해와 중재가 선행되면 감소되는 것으로 나타난다. 그리고 어떤 한 가지 치료방법만 사용하는 것 보다는 약물치료와 행동중재의 병행이 아동의 장기간 행복을 증진시킨다는 연구결과들도 있다.

Chapter 10

강박장애

강박장애는 무엇인가?

강박장애(OCD: Obsessive Compulsive Disorder)는 증세가 뚜렷한 고통을 초래할 정도의 빈번한 집착과 강박충동 행동의 문제가 있는 사람이 가지는 불안 장애의 유형이다. 집착은 반복되고 지속적인 생각, 이미지 또는 충동으로서 대부분의 경우 강박장애를 가진 사람은 무분별한 집착을 가진 사람으로 인식된다. 여기서 집착은 일반적으로 불안, 역겨움, 의심 또는 불완전한 느낌 같은 고통스러운 부정적 감정들을 동반한다.

충동은 반복적이고 목적이 있는 행동들로서, 이들에 수반되는 집착과 부정적인 감정들을 중화시키거나 완화하기 위해 특정 규칙에 따라 실행되거나 고착화된 형태로 나타난다. 충동은 씻기처럼 종종 관찰이 가능한 행동들로 나타날 수도 있지만 관찰할 수 없는 정신적인 의식들로 나타날 수도 있다. 흔히 거론되는 집착과 충동의 사례들이 <표 10-1>에 나열되어 있다.

〈표 10-1〉 일반적인 집착과 강박

집착	강박
오염	씻기/청소
공격성	체크하기
성적	수 세기
환상	나열하기
신체적 증상	정리 배열하기
종교	비밀장소에 저장하기

강박 증세가 하루 한 시간 이상의 시간 동안 발현되고, 매일의 일상생활 기능에 고통을 초래하거나 방해를 주는 등 장애의 정도가 심하면 질환이라는 진단이 내려진다. 이때 다른 비슷한 장애와 분명한 차별성이 있어야하며, 단순히 어떤 특정 문제에 대한 극심한 걱정들이 있다고 해서 강박이라고 진단을 내리는 것은 아니다.

강박증은 얼마나 일반적인가?

강박증은 성인에게만 나타나는 현상으로 인식되곤 했었다. 하지만 과거 15년간의 연구들은 100명의 어린이들 중 1명에게도 일어날 수 있는 증상임을 발견하였다. 2 : 1 정도의 비율로 여자 어린이보다 남자 어린이들에게 더 발현되는 것으로 알려져 있다. 강박증은 전체 인구 중 1-3퍼센트에서 발생하는 것으로도 보고되었다(Heyman 외, 2006).

강박증과 틱 장애

투렛 증후군이 있는 개인의 3분의 1 정도가 반복적인 강박증을 경험하는 것으로 알려져 있다(Khalifa 외, 2005; Leckman 외, 2005). 강박증과 틱이 같은 유전적 요인을 공유한다는 제안도 있다(Diniz 외, 2006). 수많은 연구들이 강박증과 틱이 함께 있는 개인과 틱 없이 강박증만 있는 개인들 사이에 증상의 질적인 차이가 있다고 보고한다 (Hounie 외, 2006). 틱과 관련된 강박증의 특성은 다음과 같다.

- 여성보다 남성에 흔함
- 틱과 강박증의 발현 시기는 어린 연령임
- 강박증 증상 억제 약물에 좀더 낮은 효과를 봄
- 가족력이 있을 확률이 높음

가장 일반적인 강박 증세는 대칭 균형 강박, 수 세기 강박, 정리하기와 배열하기 강박, 그리고 정확성에 대한 집착을 포함한다 (Leckman 외, 1997; Worbe 외, 2010). 틱 증상이 같이 있는 강박증증세는 틱 증상 없이 강박증만 있는 증세보다 항정신병적 약물 같은 특정 약물치료에 좀더 반응을 보이는 경향이 있다. 사실상 때로는 강박과 강박적 틱 사이의 차이점을 말하기 어려울 때가 있다. 전형적으로, 강박은 불편하고 불안을 일으키는 생각에 의해 나타나고, 틱과 함께 복합적으로 강박이 일어나는 경우는 다급한 충동 감각에 의한 것이 많다.

차별화된 진단

진단평가는 아동이 강박증 진단 표준에 해당하는지 아닌지에 따라 결정된다. 다음에 소개된 상태들로 강박증의 차별화된 진단을 고려해볼 수 있다.

정상 변동

수면시간 지키기와 같이 어떤 강박은 오히려 발달적으로 나쁘다고만 할 수 없을 수도 있다. 2세에서 4세까지의 아동은 연령이 높은 아동들보다 반복적인 강박 형태의 행동을 좀더 보일 수 있다(Evans 외, 1997). 또한 강박 행동들은 일반 사람들에게도 널리 퍼져 있다. 따라서 진단평가를 통하여 그 안에 내재된 장애가 있는지 없는지를 측정하는 것이 중요하다.

강박성 스펙트럼 장애

발모벽(Trichotillomania)은 개인이 자신의 몸에 있는 털을 잡아 뜯고자 하는 충동을 가지는 증상이다. 오명이라든지 사회적 불안에 의해 초래된 심각한 고통과 관련되어 있다고 알려져 있다. 발모벽의 의학적인 합병증은 피부 염증과 감염들을 포함한다. 치료는 어렵지만 습관 뒤집기 훈련과 입원치료와 병행한 행동치료 요법이 효과가 있는 것으로 보고되고 있다(Woods 외, 2008). 선택적인 세로토닌 억제제(SSRIs: Selective Serotonin Reuptake Inhibitors) 같은 약이 발모벽 치료에 성공률을 보였고, 최근에는 클로미프라민(Clomipramine), 심환계 항우울제(Tricycle Antidepressant), 신경이완제인 올란자핀

(Olanzapine), 마취성 길항제인 날트렉손(Naltrexone) 같은 약물들도 효과가 있는 것으로 보고되었다.

신체이형질환(Body Dysmorphic Disorder)은 사람이 자신이 어떻게 보이는지에 대한 왜곡된 관점을 가지게 하는 불안과 관련된 장애이다. 자신이 어떻게 보이는지에 대한 생각이 일상적인 기능에 영향을 미칠 정도로 심각하게 고통스럽게 만드는 증상으로 알려져 있다. 관련 증상은 사회공포증, 불안장애, 그리고 때로는 섭식장애를 포함한다. 원인은 불분명하나 다양한 원인에 기인한 낮은 자존감 때문일 수 있다고 알려져 있다. 치료는 인지행동치료(CBT: Cognitive Behavioral Therapy)와 세로토닌 억제제(SSRIs: Selective Serotonin Reuptake Inhibitors)가 사용된다.

강박증의 원인은 무엇일까?

강박증은 한때 무의식적인 방어기제를 기저로 한 심리학적 장애로 고려되었다. 하지만 최근 뇌 영상과 면역학적 연구들은 중앙신경시스템에서의 기능장애가 병인의 역할을 한다고 지적한다(Rosenberg 외, 2000). 구조적 신경영상 연구들은 뇌에서의 기저핵의 증대된 사이즈를 보고하고 있다. 영역별 뇌의 혈액순환을 연구한 연구결과들은 전두엽과 기저핵에서의 증대된 대사활동을 보여주고 있다. 신경학적 증거에 더하여 또 다른 유전학적 연구들은 26퍼센트에서 55퍼센트 사이에서 강박의 유전가능성을 추론하였다(Hudzuak 외, 2004; Jonnal 외, 2000). 이런 증거들은 강박증의 발달에 있어서 유전적 요소들과 환경적 요소들의 상호작용이 있음을 보여준다. 자궁 내에서, 그리고 출생 시와 출산 후를 포함하는 출산 전후의 상황이 강박을 초래할 수 있는 위험요인으로 간주되기도 한다(Vasconcelos 외, 2007).

치료

강박치료는 빨리 시작할수록 치료가 좀더 성공적인 결과를 가져올 수 있다고 알려져 있다. 소아과적 강박증의 치료에서 특히 중요한 것은 가족의 참여이다. 치료는 증거에 기반을 두어야 하고 가정에 방해요소가 되는 요인들이 최소화된 단계에서 시작되어야 한다(Heyman 외, 2006; NICE, 2005).

심리교육

심리교육은 강박치료의 필수부분이다. 심리교육은 아동과 가족에게 강박증에 대해 정보를 제공하는 것을 돕는다. 강박증에 대해 더 많이 알수록 아동과 가족들은 이를 통제할 수 있다고 느끼게 된다. 강박증의 생리적 기초에 대한 간단한 설명은 부모가 아동을 부모에게 버릇없이 행동하는 아동이라고 생각하는 것을 막고 함께 극복할 수 있도록 돕는다. 좀더 일찍 치료에 대한 중재가 이루어지고 증상이 가벼운 경우일수록 치료는 효율적이고 더 심각한 중재를 필요로 하지 않게 될 것이다.

인지행동치료

인지행동치료는 강박증이 있는 아동에게 매우 효과가 있는 치료법으로 보고되고 있다. *Breaking Free from OCD*(Derisley 외, 2008)와 같은 자가치료 메뉴얼 책은 아동의 강박증을 위한 인지행동치료 단계를 잘 설명하고 있다. 첫 번째 단계는 아동이 강박증이 있다는 점에 대해 인지하고 이에 대응하기 위해 강박증을 표면화시키는 심리교육을 포함한다. 두 번째 단계는 특정 집착, 강박, 회피행동 그리고 그 결과에 대해서 알아가는 것을 포함한다. 집착과 강박의 이해체계가 만들어지면 우선 가장 덜한 불안을 초래하는 요소부터 감소시키는 것으로 치료의 목표를 정할 수 있다.

아동은 그 후 Chapter 5에서 설명된 ERP(Exposure with Response Prevention) 전략을 사용하도록 훈련받게 된다. ERP 전략을 통해서 아동은 공포의 대상인 물건, 생각 또는 행동을 미리 연속적으로 경험해봄으로써 강박이나 회피행동을 사전에 예방하게 된다. 강박증을 이겨내는 인지적 방법을 발달시키는 것이다. 이런 훈련에 활용되는 도구에는 인지적 저항과 자가 운영 긍정 강화가 포함된다.

이때 치료는 아동의 자신감을 장려하고 인지적 전략을 기억하는 것을 돕기 위해 역할극을 하거나 시각적 보조도구를 사용하는 등 다이나믹할 필요성이 있으며 상호작용적이어야 한다. 인지행동치료 접근법은 협동적이어야만 하고 이리하여 아동의 증상이 더 호전되도록 동기화를 강화해주어야 하는 것을 강조하는 것이 중요하다.

약물치료

세로토닌 억제제(SSRIs: Selective Serotonin Reuptake Inhibitors)가 강박증의 가장 일반적인 약학적 치료제이다. 이는 클로미프라민(Clomipramine)과 같은 심환계 항우울제(TCAs: Tricyclic Antidepressants)와 플루복사민(Fluvoxamine), 세르트랄린(Sertraline), 플루옥세틴(Fluoxetine)과 같은 약물들을 포함한다. 강박증이 있는 아동과 청소년을 대상으로 한 무작위 랜덤 제어 실험의 메타분석에 따르면 클로미프라민(Clomipramine)이 세로토닌 억제제보다 월등함을 발견했다. 하지만 세로토닌 억제제도 플라시보 약보다는 훨씬 효과가 좋고 클로미프라민과 동등하게 효과적임도 발견되었다(Geller 외, 2003).

최근의 연구는 인지행동치료와 세로토닌 억제제의 합동치료가 인지행동치료나 세로토닌 억제제 치료를 각각 분리해서 한 치료에만 집중한 경우보다 더 효과적임을 보고하고 있다. 인지행동치료와 세로토닌 억제제는 확실히 플라시보만 사용했을 때보다는 더 효과가 있는 것으로 밝혀졌다(POTS Team, 2004).

예후

강박증이 있는 아동과 청소년들을 위한 치료제의 유용성과 발달로 인해 오히려 강박증의 예후(Prognosis)에 대한 연구는 살짝 뒤처져 있다고 평가할 수 있다. 하지만 9년간의 장기 후속 연구에 의하면 강박증이 있는 대부분의 사람들이 시간이 경과함에 따라 호전됨을 보고했다. 그리고 좀더 최근의 메타 분석 연구에 의하면 단지 41퍼센트의 환자들만이 후속 연구에서도 자신이 원래 가지고 있던 증세를 여전히 보이고 있다고 보고했다(Micali 외, 2010; Skoog 외, 2004). 이들 중 거의 50퍼센트의 환자는 여전히 치료를 받고 있었고 나머지 50퍼센트 정도는 치료가 좀더 필요함을 느끼고 있었다. 강박증의 예후가 좋지 않은 결과를 예측하는 요인으로는 어린 시기의 증상 발현, 장기간의 증상 발현, 입원시 환자의 상태, 초기 치료에서의 부정적 반응 등이 거론되고 있다(Stewart 외, 2004).

Chapter 11

우울증

우울증은 무엇인가?

　　우울증(Depression)은 슬픔과 비참함을 느끼며 평소답지 않은 행동을 보여주는 상태를 말한다. 사람은 누구나 가끔 이렇게 느낄 수가 있으나 만약에 이런 증세가 2주 이상 지속되면 우울증으로 간주한다. 사람은 우울한 감정과 우울한 행동, 그리고 우울한 생각을 가질 수 있다. 전문가들에 의하면 우울한 감정은 슬픈 감정과 지긋지긋한 감정을 포함하며, 우울한 행동은 울먹이는 행동, 위축되는 행동, 즐거운 활동이나 취미에 흥미를 잃는 행동, 그리고 때로는 자해행동도 포함한다고 한다. 우울한 신념은 보통 자기 자신이나 미래에 대한 부정적 신념을 말한다. 이런 증상들은 아동기와 청소년기에 일시적인 증상을 가지는 것이 전형적이다.

우울증은 얼마나 흔한가?

우울증 증세는 아동기와 청소년기에 매우 흔할 수 있으며 사춘기에 정점을 이룬다고 한다. 학령기 아동의 10−15퍼센트가 아동기의 한 시점에 우울적 기분을 보이는 것으로 알려져 있다.

우울증의 원인은 무엇인가?

- 유전: 우울증은 가족력의 영향을 받을 수 있다. 특히 수면과 섭식장애 같은 신체적 증상이 있으면 가족력으로 의심할 수도 있다.
- 성격과 기질: 부끄러움을 많이 타고 새로운 상황에 적응이 느린 아동이 우울증에 취약할 가능성이 있다.
- 뇌: 우울증이 있는 어른의 경우, 뇌의 신경전달물질에 이상이 있다는 증거가 있다. 이 이상은 신경전달물질이 대사작용을 하는 방식과 관련이 있다.
- 만성적 삶의 역경: 어린 시절 방치와 사랑의 결핍은 우울증을 초래할 수 있다.
- 바이러스성 질환: 때로는 바이러스성 질환 후 에너지 부족과 의기소침함이 발생할 수 있다.
- 사별이나 정신적 외상과 같은 삶의 큰 사건이 우울증을 초래할 수 있다.

우울증의 주요 특징	수반되는 증상
•우울한 기분 •여가활동과 취미에 대한 흥미를 잃음 •피로와 활동성 감소를 초래하는 에너지 감소	•집중력 저하 •낮은 자존감 •가치 없다는 생각 •죄책감 •자해와 자살 •수면장애 •식욕감소

투렛 증후군과 우울증

투렛 증후군 자체가 우울증과 연관되어 있을 수 있다. 우울증은 신체적, 심리적으로 큰 영향을 미치는 어려운 문제를 가지고 살아야하는 상황에 따른 결과일 수 있다. 불수의적인 틱을 초래하는 신경전달물질의 이상은 기분을 우울하고 좋지 않게 만들 수 있다. 틱을 치료하기 위해 사용하는 약들 중 특히 항정신병약(Antipsychotics)이 우울증을 초래할 수 있고 혈압강화제와 편두통예방약으로 쓰이는 클로니딘(Clonidine)도 우울증을 초래할 수 있다.

Robertson(2006)의 연구에 의하면 투렛 증후군이 있는 사람들의 13퍼센트 정도가 우울증 진단 지표에 해당되는 등 투렛 증후군이 있는 사람들에게 우울증은 만연할 수 있다고 한다. 만성적 틱장애가 있는 어른들을 대상으로 한 연구에서는 우울 증상이 틱의 강도와 기능성 장애에 영향을 미치는 것으로 나타난다(Lewin, 2011). 최근의 연구는 투렛 증후군이 없는 우울증 환자들과 비교했을 때 투렛 증후군과 우울증을 함께 앓는 경우 성급하고 화를 더 잘내는 경향도 있었음을 보고하고 있다(Carlo 외, 2016).

우울증은 어떻게 진단되나?

우울증 진단은 자세히 묘사된 장기간의 기록을 필요로 하는데 우울증 증상의 기간과 우울증을 초래한 계기가 된 사건들을 고려하여 진단하게 된다. 감정과 생각, 그리고 행동에 대한 질문이 중요하다. 아동을 대상으로 진단하는 경우에는 아동이 어떻게 학교에 적응하는지에 대한 정보를 얻는 것도 도움이 된다. 아동이 여전히 자신의 취미와 흥미를 가졌던 것들에 대해 관심을 가지는지 관찰하는 것이 중요하다.

결과

만약 우울증을 치료하지 않으면 우울증 증상이 지속되어 낮은 자존감을 가지고 학교와 친구들에 대한 회피를 초래할 수 있다. 이는 우울증을 더 심하게 하는 원인이 될 수 있어 악순환을 초래할 수 있다. 심각하고 지속적인 우울증은 자해와 자살을 초래할 수도 있으므로 우울증이 그냥 사라질 것이라는 희망만으로 부모님이 그냥 무시하지 않는 것이 중요하다.

우울증 관리

가장 먼저 할 일은 아동의 말을 경청하는 것이다. 아동이 걱정하는 것들에 대한 대화가 도움이 될 것이다. 만약 가능하다면 왕따나 학교문제들, 가족의 역기능과 같은 특정 스트레스 원인을 완화시킬 수 있도록 도와야 한다. 만약 증세가 지속된다면 학교 담당자와 의사와 상담해야한다. 학교에도 도움을 줄 수 있는 상담사가 있을 수 있다.

심리적 관리

인지적 행동 치료

인지행동치료(CBT: Cognitive Behavioral Therapy)는 인지, 감정, 그리고 행동을 대상으로 한다. 이 치료는 항상 부정적인 것은 증대시키고 긍정적인 것은 최소화시켜버리는 것과 같이 아동이 자신에게 도움이 되지 않는 사고방식을 가진 것은 아닌지 확인하고 치료하는데 중점을 둔다.

대인관계치료

대인관계치료(IPT: Interpersonal Therapy)는 관계, 감정, 그리고 기분 사이의 관계에 중점을 두는 단기 치료방법이다. 이런 종류의 치료는 기분에 관여된 문제가 가족구성원들이나 또래들과의 관계에 의해 영향을 받는 경우에 더 적절한 치료방법이다.

가족치료

가족치료는 기분저하를 초래하고 지속되는 갈등 같이 가족 상하관계의 변화 양상에 도움이 되는 치료이다.

약물치료

약물치료는 기분장애가 있는 아동에게 때로 사용되는 치료방법이다. 하지만 특정 항우울제를 사용한 아동에게서 자해나 자살 같은 부작용이 보고된 바가 있는 만큼 유심히 지켜보고 관리해야만 할 필요성이 있다. 영국에서 가장 일반적으로 처방되는 약들은 항우울제인 플루옥세틴(Fluoxetine)과 설트랄린(Sertraline)과 같은 세로토닌 재흡수 억제제인 SSRI(Selective Serotonin Reuptake Inhibitor) 약물이다.

Chapter 12

불 안

불안이란 무엇인가?

불안(Anxiety)은 아동기의 전형적이고 일반적인 현상이다. 불안은 개인에게 불편한 긴장감을 주는 감정을 말한다. 아동이 불안감을 느낄 때는 몸이 뜨거워진다거나 떨린다거나 입이 마르는 것과 같은 신체적 증상이 주로 나타난다. 불안은 번개가 치는 폭풍우나 부모님의 건강에 대한 걱정과 같은 위기의 종류에 대한 반응으로 주로 일어난다.

아동기의 불안은 연령에 따라 다양한데, 어떤 증상들은 아동이 성장함에 따라 증대되거나 감소되기도 한다. 대부분의 경우 아동기의 불안은 일시적이고 특별한 스트레스를 야기하는 사건에 의해 발생되는 경우가 많다.

아동의 불안이 계속 지속되어 일상생활에 영향을 주고, 아동을 안심시켜 주고 안정을 취하게 해도 계속 아동이 불안해한다면 불안장애로 진단할 수 있다.

불안장애

불안장애에는 몇 가지 유형이 있는데 대부분이 투렛 증후군이 있는 아동도 보일 수 있는 증세이다.

- 일반 불안장애: 아동 스스로에 대해서나 가족, 그리고 미래 같은 것에 대해 과도한 걱정을 한다. 휴식을 취하거나 안정 감을 느끼는 것을 어려워한다.
- 분리 불안장애: 영아는 아버지나 어머니가 함께 있던 방을 떠나면 불안을 표현한다. 이런 현상은 8개월에서 24개월까 지 발달하고 30개월 정도부터 감소한다. 만약 아동이 학교 에 진학하는 시기까지 이런 현상이 지속되면 불안장애로 진 단할 수 있다. 아동은 자신이나 부모님에게 뭔가 안좋은 일 이 생길 수도 있다고 걱정할 것이다. 이런 아동은 학교가는 것을 거부할수도 있다.
- 공포증: 공포증이 있는 아동은 개, 바늘, 어두움 같은 특정한 대상에 대한 극심한 공포를 가진다. 이런 현상은 아동이 무 서워하는 대상을 마주하는 상황을 회피하도록 만들 것이다.

불안은 일반적인가?

불안장애는 아동의 2-3퍼센트 정도에서 일어난다고 한다.

불안의 원인은 무엇인가?

• 유전과 가족: 공포는 예견되는 위험에 대한 정상적인 반응이
  다. 공포는 생존을 위한 중요한 사안이라 영아와 아동이 일
  반적으로 보이는 현상이다. 그런데 공포와 불안의 정도는
  우리 유전자에 의해 결정된다고도 한다.

• 학습: 아동이 어떤 것을 무서워하는지 알고 이런 상황을 피
  함으로써 안전해진다는 것을 학습하게 된다. 불편한 상황을
  피함으로써 안정감으로 보상받게 되고 이는 미래에 비슷한
  상황에서도 비슷한 유형으로 발생할 가능성이 높다. 아동은
  때때로 어떤 특정 상황에서 부모님의 불안을 목격함으로써
  불안행동을 배우기도 한다는 것을 유념할 필요가 있다.

• 충격 상황: 왕따, 차사고, 사별 등과 같은 그 어떤 충격도 불
  안을 초래할 수 있는 요인이다. 이런 충격적인 일들은 아동
  을 약하게 만들지만 이런 일들로 인한 상처의 정도라든지,
  즉시 도움을 받을 수 있었는지 도움의 유무라든지, 어른들
  이 어떻게 아동들을 대했는지, 그리고 안전을 느끼도록 지
  원을 받을 수 있었는지 등, 세부적인 사항들에 따라 달라질
  수 있다.

불안의 특성

아동의 일반적 불안의 증세는 다음 내용을 포함한다.

• 그 상황을 피하고 싶은 다양한 대상에 대한 불안

- 외출할 때 두려움
- 가슴이 두근거림
- 공황상태
- 현기증
- 항상 안심시켜줘야 안정이 됨
- 화장실에 자주 감
- 복통이나 두통 호소
- 수면 문제 또는 집중 문제
- 조울증증세, 급한 성미 또는 심한 애착
- 등교거부 또는 쇼핑센터나 공원 같이 특정한 장소 방문 거부
- 홀로 남겨지는 두려움

투렛 증후군과 불안

Specht(2011) 등에 의하면 만성 틱이 있는 사람들을 연구한 결과 그 중 21퍼센트는 사회적 공포 증세가 있고 또 20퍼센트는 일반 불안을 가지고 있음을 발견하였다. 다른 연구들도 투렛 증후군이 없는 아동과 비교했을 때 투렛 증후군이 있는 아동에게서 더 높은 불안 증세가 나타남을 보고하였다. Lewin(2011) 등은 만성 틱 질환이 있는 어른을 대상으로 한 연구에서 불안이 틱 증세와 그 외 기능적 결함을 더 심하게 증가시킨다는 것을 발견하였다. 또한 불안은 틱이 있는 아동에게 수면장애의 위험을 증대시키는 것으로도 나타났다(Storch 외, 2009).

불안이 어떻게 틱과 관련 있는가?

- 불안은 투렛 증후군과 상관없이 발현될 수 있다.
- 불안은 강박증(OCD)에 기인할 수 있다.
- 틱과 관련된 사회적 불안이 있을 수도 있다.
- 정신병적 약물의 부작용이 때로는 동요와 불안을 증대시킬 수 있다.

불안은 어떻게 진단되나?

불안 진단을 위한 혈액 테스트나 신체적 측정 방법은 없다. 불안장애 진단은 부모님, 선생님, 아동 대상 면담과 표준 설문조사를 통해 불안 증세의 강도와 기간을 살펴봄으로써 이루어진다. 표준 진단의 설문들은 주로 아동이 매일 안심시켜줘야만 하는지, 특정 상황을 피하려고 하는지, 신체적 증상은 어떤지, 반복적으로 나타나는지에 관련한 것이다. 특정 상황에서의 아동 관찰 역시 도움이 된다.

불안장애 결과

만약 불안장애를 치료 없이 방관하면 불안장애가 학교 거부나 사회적 상황 거부 같은 심한 거부를 초래할 수 있다. 불안의 증세가 성인기까지 지속될 수도 있고 우울증 같은 기분 장애를 초래할 수도 있다는 것을 유념할 필요가 있다.

불안 관리

불안을 감소시키기 위해 부모님들이 할 수 있는 몇 가지 방법들은 다음과 같다.

- 자녀의 이야기를 경청하고 공포나 생각들에 대해 이야기하도록 장려한다.
- 자녀의 본보기가 되어 비슷한 상황들을 어떻게 대응하는지 보여준다.
- 외출 시 화장실, 만나는 장소, 여행 기간 등을 알 수 있도록 언제 어디로 외출하는지를 계획하는 등 미리 많은 준비를 한다.
- 가정환경을 최대한 평화롭게 유지하도록 노력한다.
- 게임이나 영화감상 등 함께 하는 것들을 계속 즐긴다.
- 수면시간과 숙제시간 등과 같은 익숙한 일상생활 패턴을 유지한다.
- 신체활동은 혈압 유지에 중요하다. 따라서 운동과 스포츠 활동이 도움이 된다. 만약 불안증세가 지속적이면 의사와 상담해야한다.

불안장애를 도울 수 있는 치료도 다양하다. 인지행동치료(CBT: Cognitive Behavioural Theraphy)는 다음과 같은 기법을 사용한다.

- 심리교육: 아동에게 신체에 대해 가르쳐주고 불안증세가 자연적이고 감정의 일부분임을 깨달을 수 있도록 신체적 증상에 대해 이해하도록 한다.
- 인지적 재구성: 아동이 자신의 근심에 대해 다르게 생각해보

게 한다. 예를 들어 아동은 모든 스쿨버스는 교통사고가 날 것이라고 생각할 수도 있다. 이럴 경우에는 그것이 사실이 아니며 스쿨버스가 안전규칙을 준수하므로 안전하다는 것을 알려주는 것이 도움이 될 수 있다. 또한 만약 버스가 사고가 나면 안전벨트나 버스의 다른 구조적 기능 등으로 인해 아동이 안전할 수 있음을 알려줄 수 있다.

- 노출 및 반응예방: 이 방법은 점진적인 단계별 방식으로 공포 상황에 아동이 안전하게 노출되도록 해주는 방법이다. 예를 들어 만약 아동이 거미를 무서워하면 치료사가 아동의 불안이 사라질 때까지 거미 사진을 보게 해줌으로써 아동이 두려움을 극복하게 하는 것이다. 이 방법을 성취하면 아동은 죽은 거미를 본다든지 하는 다음 단계를 극복하게 되고, 이런 단계가 이어져 아동이 살아있는 거미를 봐도 적응할 때까지 단계별 치료를 하게 된다. 이 방법은 다양한 상황에 사용될 수 있고 매우 효과적이다.

약물치료가 불안장애를 치료하지는 못한다. 약물치료는 단지 증세를 완화시키는 정도로 알려져 있다. 하지만 약물치료는 아동이 학교나 사회적 장소에서 적절하게 기능하도록 도와주기도 한다고 한다. 불안치료에 쓰이는 약은 항우울 항불안제인 셔트랄린(Sertraline)이나 플루옥세틴(Fluoxetine) 같은 선택적 세로토닌 억제제(SSRI: Selective Serotonin Reuptake Inhibitor) 타입의 약을 포함한다.

Chapter 13

자폐스펙트럼 장애

자폐스펙트럼 장애(ASD: Autism Spectrum Disorder)는 아동이 사회적으로 다른 사람과 상호작용하거나 소통하는 능력에 발달적 장애가 있는 것을 말한다.

자폐스펙트럼 장애는 얼마나 흔한가?

최근 연구에 의하면 백 명 당 한명이 자폐스펙트럼 장애를 가지고 있다고 한다.

자폐스펙트럼 장애는 무엇이 원인인가?

지속적인 많은 연구에도 불구하고 무엇이 자폐스펙트럼 장애를 유발시키는 원인인지는 분명하지 않다. 다만 하나의 유일한 원인이 있는 것은 아니고 투렛 증후군처럼 많은 유전자 기능이 관여되어 있을 것이라는 추론이 존재한다.

자폐스펙트럼 장애의 특징

자폐스펙트럼 장애의 특성은 그 심각도의 범위에 따라 개인마다 다양하다. 자폐스펙트럼 장애가 있는 사람은 보통 다음 세 가지 측면에서 어려움을 보인다고 알려져 있다.

- 사회적 상호작용의 어려움
- 사회적 소통의 어려움
- 제한적이고 반복적인 정형화된 행동

〈표 13-1〉 자폐스펙트럼 장애의 특징

사회적 상호작용	소통	의례적, 반복적, 제한적 행동 패턴
•제한된 눈 맞춤 •나눠 쓰기 싫어함 •다른 사람과 함께 노는 것을 힘들어 함 •또래에 무관심 •타인에 대한 관심 부족 •사회적 미소의 부족 •공감능력 부족	•비언어적 몸짓사용의 부족 •사회적 소통의 부족 •한정된 상호소통 •부적절한 대답/질문들 •음성 모방	•특이한 집착 •한가지 일에 너무 많은 시간을 보냄 •일상의 변화를 싫어함 •손뼉치기와 특정 손가락의 움직임 •과도한 감각적 어려움

부모님들은 어린 자녀가 일반적인 발달 척도대로 언어발달이 이루어지지 않거나 사회적 작용에 어려움을 보이면 걱정을 하게

된다. 자폐스펙트럼 장애가 있는 모든 아동이 말하기가 늦는 것은 아니다. 사실 어떤 아동은 꽤 일찍 말하기 시작하고 어휘력도 풍부하고 세련되며 독특한 말하는 방식을 가지기도 한다. 다만 또래 아동과 다르게 보일 수도 있고 항상 유연한 소통방식으로 대화를 하는 것만은 아닐 수 있다.

자폐스펙트럼 장애가 있는 사람은 전형적인 사회적 상호작용의 규칙을 항상 이해할 수 있는 것은 아니며, 친구를 사귀는데 어려움을 보이고 일상에서 벗어나는 것을 좋아하지 않는다. 이외에 다른 행동들도 눈에 띌 수 있는데, 눈을 마주치지 못한다거나 혼자서 반복적인 놀이를 하는 것을 좋아하고 변화에 스트레스를 받으며 특이한 흥미를 가지는 것을 포함한다. 다른 부가적 어려움은 소음이나 냄새, 미각 그리고 감촉에 과민반응을 보이는 것이다. 어떤 아동은 학습과 행동에 있어 장애를 보이기도 한다.

아스퍼거 증후군

아스퍼거 증후군(Asperger Syndrome)은 미국 의료계에서는 더 이상 공식적으로 사용되지 않는 용어이다(미국 정신의학협회, 2013). 아스퍼거 증후군은 자폐스펙트럼 장애 증세를 보인다고 설명하지만 보통 지적장애나 언어지체장애는 수반하지 않는다. 난독증 같이 특정 학습장애를 보일 수는 있는 것으로 알려져 있다. 아스퍼거 증후군의 형식적 언어능력은 전형적 범위에 있을 뿐만 아니라 다른 능력보다 나은 경향을 보이기도 한다.

아스퍼거 증후군이 있는 사람들은 자신들이 사회적 상호작용의 규칙을 이해하는 데 어려움이 있음을 더 잘 깨닫는 경향이 있어 불안해하거나 당황해하기도 한다.

투렛 증후군과 자폐스펙트럼 장애

자폐스펙트럼 장애와 투렛 증후군을 살펴보면 약간의 비슷한 증상이 있음을 알 수 있다. 자폐스펙트럼 장애와 투렛 증후군 모두 다음 특성을 보이는 것으로 알려져 있다.

- 자폐스펙트럼 장애는 상동증(같은 행동을 무의미하게 끊임없이 반복하는 증세)을 보이는데 반복적이고 의례적이며 리듬감 있는 움직임이 특징이다.
- 반향언어나 말 되풀이증 같은 비전형적 말하기(의도하지 않은 단어, 문구 또는 문장의 반복)
- 과도한 감각적 이상
- 동시에 발생하는 강박 증상

투렛 증후군과 자폐스펙트럼 장애의 발현비율에 대한 연구도 찾아볼 수 있다. Baron-Cohen(1999) 등의 연구에서는 자폐증이 있는 아동의 8퍼센트 정도가 투렛 증후군도 함께 있는 것으로 보고하였다. Cantiano(2007) 등의 연구에서는 자폐스펙트럼 장애가 있는 아동의 22퍼센트가 틱 증세를 보이는 것으로 나타났다. Burd(2009) 등의 연구에서는 투렛 증후군이 있는 사람들의 4.6퍼센트가 자폐스펙트럼 장애 또한 있는 것으로 보고하였다.

자폐스펙트럼 장애가 있는 아동 관리하기

일단 자폐스펙트럼 장애가 있는 것으로 진단을 받고 아동에게

필요한 지원이 무엇인지 분명하게 인지하게 되면 아동이 적합한
학교에서 교육을 받도록 하고 장애행동이 적절하게 관리될 수 있
도록 해야 한다.

Chapter 14

학습장애

투렛 증후군이 있는 어린이들의 대부분은 일반 아동들처럼 학습능력이 있고 학업진행 성취도도 일반 아동들과 같다. 따라서 대부분의 아동은 앞서 틱에 대해 이해하도록 돕는 전략에 대해 주로 소개한 Chapter 2에서 설명한 내용 외에 따로 특별한 지원이 필요한 것은 아니다. 하지만 Burd(2005)의 연구에서 약 30퍼센트로 보고한 아동의 경우 읽기나 쓰기 또는 수학과 관련해 특별한 학습장애를 동반하는 경우도 있다고 한다. 이외에도 학습 어려움에 영향을 미치는 신경발달학적 요인은 동작기능과 언어에 있어 어려움이 있는 경우이다.

Jensen과 Steinhausen(2015)의 노르웨이를 기반으로 한 연구에서 밝혀졌듯 만약에 아동이 주의력결핍과잉행동장애(ADHD)와 같은 신경발달적인 문제와 관련된 문제를 가지고 있으면 약 3분의 1 정도가 부가적 문제가 있을 가능성이 있으며 4분의 1 정도는 두 가지 정도의 부가적 문제가 있을 가능성이 있다는 것을 유념할 필요가 있다. 이들 부가적 문제에는 학습장애도 포함된다.

만약 자녀의 학습장애에 대한 우려가 있을 경우에는 제일 먼저 자녀의 선생님과 의논할 필요가 있다. 어쩌면 선생님도 이미 같은 우려를 하고 있을 수도 있고 또 자녀의 집중력 문제나 적용력, 그리고 학습동기 등에 대해 동일 연령대 아이들과 비교해서 정보를 더 많이 가지고 있을 수 있기 때문이다.

또한 학습장애는 가족력일 수도 있다고 알려져 있다. 따라서 만약 부모님이 학습장애를 가지고 있으면 자녀에게 유전되었을 수도 있다는 것을 인지할 필요가 있다.

읽기장애 / 난독증

학업장애의 형태 중 가장 일반적으로 진단되고 연구되어온 형태는 난독증(Dyslexia) 또는 읽기 장애이다. 인구의 약 8-10퍼센트에 영향을 미치는 것으로 알려져 있는 난독증은 어린이들 중 약 5퍼센트 정도가 심각한 형태의 난독증이 있을 수 있고 10퍼센트 정도는 약한 정도의 난독증이 있는 것으로 알려져 있어 그 범위가 광범위한 장애라고 할 수 있다.

읽기장애 등이 있을 때 아동이 읽기와 철자를 말하는 것을 힘들어 하는 것으로 보이지만 중요한 문제는 발성학적 과정으로 소리를 정확하게 처리하는 과정이다. 다른 어려움들도 있는데 난독증이 있는 아동에게서 자주 발견되는 천천히 말하거나 읽는 것, 그리고 단기 기억의 어려움 같은 것이다. 만약 아동이 읽기에 어려움을 가지고 있으면 철자 맞춤법에도 어려움을 느낄 가능성이 높다.

마찬가지로 중요한 것은 심한 난독증이 있는 아동은 글을 이해하기 위해 많은 수의 단어를 해석하는데 어려움을 느끼는 관계로 글을 이해하기 어려워할 것이다. 이런 장애는 경미한 난독증이 있는 아동에게서 나타나지는 않는다.

또한 읽기에 어려움이 있으면 학습동기가 낮거나 학업에 집중하는 데 어려움이 있을 수 있다. 눈을 깜빡이는 틱이 있는 아동은 틱이 진행되는 동안은 유창하게 읽는 것에 어려움을 느끼겠지만 장기적으로 영향을 미치지는 않는다. 따라서 발음을 배우거나 정확하게 읽는 것에 틱이 영향을 주는 것은 아니다.

난독증이 있는 아동을 위한 좋은 중재 프로그램은 많다. 이들 프로그램은 전형적으로 아동이 발음을 보다 정확히 하는 것을 가르치는데 집중한다. 이상적으로는 이런 방법들은 가정과 학교 양쪽에서 동시에 지원되어야 한다. 학교 선생님과 전문가와 상의하는 것도 도움이 된다.

쓰기장애

쓰기장애(Dysgraphia)는 읽기장애보다 덜 알려져 있고 연구도 활발하지 않지만 이 역시 투렛 증후군이 있는 아동에게 나타날 수도 있다. 그 이유는 아마 쓰기를 계획하고 체계적으로 정리하는 데 어려움이 있기 때문일 것이다. 아동이 효율적으로 동작 기술을 사용하고 단추 끼우기나 신발끈 묶기 등 일상생활은 잘 하지만 글씨체를 알아볼 수 있게 잘 쓰지는 못하는 경우가 이런 경우에 속한다.

아동이 철자를 잘 쓰도록 지원하는 좋은 프로그램들은 많다. 어린 아동을 위해서는 발음과 글자 형태 사이의 관계, 그리고 단어를 형성하는 데 사용되는 발음에 집중하는 것이 중요하다. 아동이 자랄수록 형태소의 사용이나 결합단어 같은 단어의 구조와 형태가 중요해진다. 영어의 경우에는 매우 불규칙적인 언어이므로 스페인어나 이탈리아 언어같이 좀더 구조적인 언어를 배우는 아동보다 복잡한 불규칙한 기술을 배우는 데 시간이 더 오래 걸릴 수밖에 없다. 어떻게 문장을 구성하고 글을 작성하는지 배우는 것은 아동이 학교에 입학하는 학령기가 되면 매우 중요한 문제이다. 문단 구조와 작문을 학습하는 데 도움을 줄 수 있는 프로그램은 많은데, Harris(2010)와 Moody(2004)의 연구는 이런 프로그램들을 자세히 설명하고 있다.

수학장애

숫자와 수학적 추리와 관련된 수학장애(Dyscalcuria)는 언어와 관련된 장애보다 덜 알려져 있는 상황이다. 투렛 증후군이 있는 아동 중 집중장애를 가지고 있는 아동은 숫자 관련 장애를 가질 위험이 있다. Huckeba(2008)에 의하면 투렛 증후군이 있는 아동 중 수학장애가 있는 아동은 문제풀이과정에서 실수를 하는 것으로 나타났다. 집중하는 데 어려움이 있고 빼기나 곱하기, 또는 추론하기에 어려움이 있으면 먼저 학교 선생님과 의논을 하는 것이 좋다. 그리고 만약 필요하다면 공식적인 평가를 받아보는 것이 좋다. 아동을 대상으로 수학 개념 발달을 돕는 프로그램들도 많다. 아동이 어릴 때부터 수에 대해 깨닫게 해주고 수적인 관계에 대해 알게 해주면 시간이 흐르면서 이런 개념도 계속 쌓이기 때문에 많은 도움이 된다. 최근 연구들 결과에서 주목할 점은 아동 스스로 수학을 할 수 있다고 믿는 신념이 수학에 대한 자신감의 척도가 된다는 증거이다(Boaler, 2010). 따라서 아동에게 모든 사람들이 수학에 대해 배워서 학습해야만 하고 그 누구도 자동으로 수학을 잘하게 되는 것은 아니라는 것을 강조하는 것이 좋다.

통합운동장애

　통합운동장애(Dyspraxia)는 움직임에 어려움이 있는 것을 뜻한다. 손의 근육과 같은 소근육을 사용하는 소근육 운동에 어려움이 있는 경우도 포함하고, 다리와 같은 대근육을 이용하는 대근육 운동에 어려움이 있는 경우도 포함한다. 전형적으로 통합운동장애가 있는 아동은 일찍부터 근육운동에 어려움을 보인다.

　이 책에서 언급되는 다른 모든 신경발달학적 장애와 마찬가지로 통합운동장애 역시 어떤 아동들은 매우 경미한 장애를 가지고 있어서 치료가 필요하지 않고, 반면에 어떤 아동은 어른이 될 때까지 계속 장애를 가지고 있을 수도 있는 범위가 광범위한 장애이다. 따라서 모든 아동의 상태가 다르고 진단기준도 평가도구에 따라 다양할 수 있다.

　통합운동장애가 있는 아동은 또래에 비래 걷거나 말하는 것이 좀더 늦을 수 있다. 행동이 서툴거나 오른쪽과 왼쪽 구분이 힘들 수도 있고 오른쪽과 왼쪽 구분이 힘들어 구형 시계의 시간을 읽는 것을 힘들어할 수도 있다. 틱이 운동계에 많은 영향을 주기 때문에 투렛 증후군이 있는 아동은 일반 아동보다 통합운동장애가 있을 위험성이 더 크다.

　치료와 관련해서는, 만약 부모님이나 선생님이 아동의 운동기능에 지속적인 우려가 있는 것으로 판단이 되면 관련 치료사를 찾아 상의해야 한다. 전문치료사는 아동의 일상생활에서 모든 활동의 발달을 평가하고 지원하도록 훈련되어 있으므로 도움을 받을 수 있다.

특정언어장애

언어적 표현과 이해에 지속적인 어려움이 있는 것을 특정언어장애(Specific Language Impairment)라고 한다. 이런 형태의 학습장애는 특히 미취학 연령의 유아들에게서 꽤 흔하게 나타나며 학령기 아동에게서도 약 3퍼센트 정도 나타난다고 알려져 있다. 언어장애가 있는 아동은 조기에 언어 치료사의 치료중재 도움을 받더라도 또래 아이들과 비슷한 진전을 보이지는 못하고 오랫동안 어려움을 경험할 가능성이 높다고 알려져 있다. 조기발견과 조기치료를 놓치는 경우에는 특히 아동의 사회적, 감정적 기능에 더 큰 영향을 미칠 수 있다. 언어장애가 있는 아동은 쓰기에 있어서도 어려움을 겪을 수 있다.

자녀가 언어로 표현하는 능력에 문제가 있거나 다른 사람들이 말하는 것을 이해하는 데 어려움이 있는 것에 우려가 된다면 지역 보건의나 자녀의 선생님들과 의논을 할 필요가 있다. 아동의 언어 능력을 평가하고 치료할 수 있는 언어 치료사를 소개해줄 수 있기 때문이다. 진단이 필요한 경우에는 부모와 선생님이 일상생활에서 치료 전문가들이 사용하는 방법을 활용할 수 있도록 아동의 상태와 치료에 대해 잘 이해하고 있어야 한다.

언어장애는 가족력일수도 있다고 알려져 있는데, 이때 부모님들은 본인 스스로의 어휘력이나 언어구사 능력에 있어서 자신감을 고취하는 방안을 고민하는 것도 두려워해서는 안 된다. 언어장애가 있는 청소년들의 경우에는 그들의 언어장애가 그들이 능력이 없어서가 아니라 다른 그 어떤 약점들과 마찬가지로 증진시키기 위해 도구와 연습이 필요한 것일 뿐이라는 것을 이해할 필요가 있다. 자기주도적 읽기가 매우 도움이 되며 관련 책들을 통해 정보를 얻는 것도 유용하다.

정보처리속도 장애

처리속도는 효율적으로 과업을 마치는 것을 의미한다. 주의력결핍과잉행동장애(ADHD)와 투렛 증후군이 있는 아동에게는 흔한 문제이다. Braaten과 Wiloughby(2014)에 의하면 주의력결핍과잉행동장애가 있는 아동의 약 60퍼센트 정도가 시각적, 그리고 언어적 정보처리속도에 있어 또래에 비해 어려움이 있다고 한다. 또래들처럼 정보를 빠르게 처리하는 데 어려움을 가지면 아동이 스스로에게 느끼는 효율감이나 집이나 학교에서 과업을 유창하게 완수하는 능력에 영향을 미칠 수 있다.

심리 전문가나 치료사에게 평가를 받아보는 것이 아동의 정보처리과정이 어떻게 다른 기능들에 영향을 미치는지 이해하는 것을 도울 수 있을 것이다. 정보처리의 속도가 늦는 것은 그 자체로는 특정 장애가 아니다. 하지만 통합운동장애나 발달적실행장애와 같은 다른 학습장애와 함께 일어나는 경향이 있다. 때로는 정보처리속도 장애만 독립적으로 발생하거나 이 장 후반부에서 다루게 될 지적장애같이 정보 자체를 전반적으로 이해하는 데 어려움을 겪는 장애를 함께 겪을 수 있다.

Braaten과 Wiloughby(2014)는 정보처리속도에 어려움을 겪는 어린이들을 위해 세 가지 심리적 전략을 소개하고 있다. 첫 번째는 도전을 받아들여야 한다. 두 번째는 과업을 위해 시간을 더 허용함으로써 수용하는 것이다. 세 번째는 스스로에 대해 옹호자가 되어 스스로가 잘 적응할 수 있으며 가능성에 도달할 수 있다고 믿는 것이다. 이렇게 해서 아동은 그가 직면한 도전에 대응하는 전략을 갖추어야 한다.

집행기능

투렛 증후군이 있는 어린이들에 관해 가장 많이 연구된 부분 중 하나가 집행기능이다. 이 광범위한 용어는 과업을 활성화하는 행동과 독립성을 의미한다. 집행기능 행동은 체계적이고 계획적인 기술, 과업을 시작하고 완성하는 것, 과업을 행하면서 필요한 정보를 기억하는 능력, 그리고 상황에 따른 가정적 반응을 통제하는 것 등을 포함한다. 많은 연구들이 아동의 연령이 증가하고 성장할수록 이런 행동들은 숙련되어지고 복합화된다고 보고하고 있다.

투렛 증후군과 주의력결핍과잉행동장애가 같이 있는 아동은 집행기능이 현저하게 느린 것으로 알려져 있는데, 이는 삶의 여러 영역에 영향을 미칠 수 있다. 특히 숙제를 마치는 것, 혼자 옷을 입는 것, 책가방 싸는 것 등 일상적인 일 같은 부분에서 그렇다.

주로 한 교실에서 지내는 초등학교 환경에서 좀더 복잡한 환경 적응을 요구하는 중학교로 진학하는 과도기는 집행기능을 많이 요구함으로써 아동에게 많은 스트레스를 유발할 수 있다.

하지만 집행기능의 각 영역마다 특별한 개입 치료로 도움을 받을 수 있다. <표 14-1>에 묘사된 접근법을 가정과 학교에서 적용해볼 수 있다.

〈표 14-1〉 집행기능 영역 지원전략

집행기능영역	전략
조직 (Organization)	선생님이 상기시켜 주기 다른 사람의 시범 하루 일과 시작때나 식사시간 동안 일과계획 공유
계획 (Planning)	전화상 상기 마인드맵 제시
작업기억 (Working Memory)	분명하고 잘 정리된 지침 노트 필기 선생님이나 부모님이 지침 반복해주기
자기 모니터링과 작업완수 (Self-monitoring & work completion)	시각적 계획안 일정표와 챠트
동기 (Motivation)	보상 분명한 목표와 동의한 내용에 대한 규칙적 복습

지적장애

국제적으로 인구의 약 1퍼센트 정도가 학습능력과 독립능력에 있어 장애가 있다고 한다. 이런 어려움은 지적장애에 기인한다고 하며, 지적장애 역시 경미한 정도에서 보통 정도, 그리고 심각한 정도까지 범위가 다양하다. 전형적으로 심리학자들은 지적장애 진단을 웩슬러 지능검사(Wechsler, 2014)와 같은 지능적 기능을 평가하는 검사결과와 일상생활기능보고에 근거한다. 지적장애의 진단은 아동이 또래에 비하여 모든 영역에서 현저하게 뒤쳐질 때 내려진다. 투렛 증후군과 지적장애가 함께 있는 아동은 특수교육 환경에서 차별화된 교육과정으로 지원받는 것이 매우 중요하다. 만약 자녀가 또래에 비해 늦은 발달을 보이는 것으로 우려가 되면 선생님과 특수교육 담당자, 그리고 의사와 상담해야 한다.

Chapter 15

수 면

수면을 잘 취하는 것은 기억력이나 집중력 같은 뇌 기능을 유지하는 데 큰 도움이 된다. <표 15-1>은 아동에 있어 매일 얼마나 수면시간이 필요한지를 연령 그룹에 따라 나타내고 있다.

〈표 15-1〉 연령별 수면 필요 시간

연령	0-3개월	3-12개월	1-3세	3-6세	6-12세	12세 이상
하루 필요 평균 수면 시간	16-20 시간	14 시간	12-14 시간	11-12 시간	10 시간	9-10 시간

투렛 증후군과 수면

투렛 증후군이 있는 어린이들에게 수면과 관련한 문제가 있다는 보고도 있지만, 대부분의 연구는 아동이 아닌 어른들을 대상으로 한 연구였다. 투렛 증후군이 있는 아동들에 대한 연구들은 수면 효율성의 저하, 빈번한 흥분, 잦은 깸, 몽유증세 그리고 악몽을 보고하고 있다(Kostanecka-Endress 외, 2005). 일반 아동들보다 잠드는 데 어려움이 더 많은 것으로도 보고되고 있다. Storch(2009)의 연구에 의하면 투렛 증후군이 있는 아동들의 약 80퍼센트가 적어도 한 번은 수면과 관련된 문제를 경험했으며, 약 20퍼센트의 아동들은 네 번 이상의 수면 관련 문제를 경험한 것으로 나타났다. 이들 문제들은 불면증, 악몽, 그리고 혼자 잠드는 것을 거부하는 것 등을 포함한다.

이런 연구결과들은 신경발달학적 또는 정신의학적 어려움이 있는 아동들에게 수면문제가 높은 것으로 나타나므로 놀라운 사실은 아닐 수도 있다. 불안증세가 수면의 어려움에 영향을 미칠 수도 있고 주의력결핍과잉행동장애(ADHD) 또한 잠드는데 어려움을 야기할 수도 있다. 앞에서 언급된 연구를 시행한 학자들은 수면문제가 피로감의 증대로 인해 스트레스가 높아진 것과 관련이 있을 수도 있다고 보고한다.

투렛 증후군이 있는 어른들과 달리 틱의 심각성과 수면문제 사이의 상관관계는 발견하지 못했다(Storch 외, 2009). 어떤 사례에서는 심각한 동작 틱이 있는 아동이 피로함에 기인하여 오히려 더 수면을 잘 취하는 경우도 있었다. 한편 수면중에 EEG(Electro Encephalo Graphy)수면뇌파를 사용해 뇌파도를 보는 연구인 수면다원검사(PSG: Polysomnography)는 투렛 증후군이 있는 아동들이 수면의 질에 있어서 현저하게 변화된 사실을 보여주고, 잠을 드는데 있어서도 어려움이 있었고 수면을 유지하는 데 있어서도 어려움이 있었음을 보여주었다. 투렛 증후군이 있는 아동들의 수면문제는 다음 특징들을 포함한다.

- 잠드는데 어려움이 있음
- 밤에 빈번하게 깨어남
- 다시 잠을 청하는데 어려움
- 자면서 걸어다님
- 자면서 이야기를 함
- 악몽을 꿈
- 틱이 아닌 움직임이 증가됨
- 분리불안을 보임
- 혼자서 자는 것을 거부함

수면을 충분히 취하지 않으면 기본적인 뇌기능에 문제가 생길 수 있다. 이는 복합적 행동을 조절하는 데 문제가 생기게 하고, 집중을 하는데 문제가 있게 하며, 감정통제에 문제가 생기게 한다. 수면장애와 흥분증가, 그리고 동작억제 능력 저하 등이 복합적으로 틱을 증가시킬 수도 있다.

수면문제는 주의력결핍과잉행동장애(ADHD)와 불안증세가 함께 있는 어린이에게서 증가한다고 알려져 있다. 만약 투렛 증후군이 있는 자녀가 주의력결핍과잉행동장애도 함께 있다면 자극치료의 부작용 중 하나가 수면장애임을 기억해야 한다. 주의력결핍과잉행동장애는 하지불안증후군(Restless Legs Syndrome)과 폐쇄성 수면 무호흡(Obstructive Sleep Apnoea)을 포함하는 수면 관련된 문제와도 연결되어 있다고 알려져 있다. 틱으로 인한 두통도 수면문제에 영향을 미칠 수 있다. 따라서 수면 부족이 다음과 같은 문제들을 일으키는 것은 놀라운 사실이 아니라고 할 수 있다.

- 학교에서 문제가 될 수 있는 기억력과 집중력 저하
- 불안

- 공격성과 짜증을 포함하는 행동문제
- 화를 잘 내고 성급함(자극감수성)
- 다른 가족들의 스트레스 증가

관리

수면을 늘리기 위한 실용적 방법

다음에 소개되는 간단한 제안들을 사용할 수 있지만 만약 이들이 효과적이지 않다면 평가와 치료를 위해 의사와 상담하는 것이 좋다.

- 자녀가 낮에 규칙적으로 운동과 활동을 하도록 한다.
- 초콜릿, 커피, 차, 또는 콜라같이 카페인이 포함된 음식이나 음료를 늦은 오후나 저녁에는 피하도록 한다(잠들기 6시간 전)
- TV시청이나 비디오게임 같이 격렬하고 자극적인 활동은 취침 전에 피하도록 한다. 많은 어린이들이 잠들 때도 옆에 스마트폰이나 태블릿이나 노트북을 두며, 어른들도 마찬가지인 경우가 많으므로 어른들이 먼저 모범을 보일 필요가 있다.
- 자녀의 침실은 어둡고 안전하며 편안하고 아늑해야 한다.
- 취침시간을 정하고 확실히 지키며 학교를 갈 때는 기상시간도 매일 동일하도록 해야 한다. 휴일에는 좀더 자유롭게 해도 되지만 개학이 다가올수록 체계를 다시 잡도록 준비해야 할 필요가 있다. 특히 여름방학 같이 긴 휴가 후에는 생활

체계에 잘 적응시킬 필요가 있다.

만약 자녀가 심각한 취침시간 불안이나 밤에 대한 불안이 있으면 불안에 대한 도움을 받을 수 있도록 자녀의 담당의사와 상의하여야 한다.

약물치료

투렛 증후군을 치료하는데 사용되는 약물들이 진정효과에 도움을 줄 수는 있다. 리스페리돈(Risperidon)과 클로니딘(Clonidine) 같은 혈압강화제와 편두통예방약은 둘다 밤에 복용하도록 처방받으면 진정효과가 있는 것으로 알려져 있다. 경우에 따라 다른 약들이 수면문제에 도움이 될 수도 있다. 영국에서는 멜라토닌(Melatonin)이 광범위하게 사용된다. 멜라토닌은 알약으로도 물약으로도 나와 있는데, 주의력결핍과잉행동장애(ADHD)나 자폐증이 있는 어린이들에게 처방되어 왔다.

멜라토닌은 죄우대뇌반구 사이 제3뇌실의 후부에 있는 작은 솔방울 모양의 내분비기관인 송과샘(Pineal Gland)에서 분비되는 자연적 호르몬으로, 수면을 돕는 것으로 알려져 있다. 멜라토닌은 음식 중에서는 쌀, 귀리, 보리, 생강, 옥수수, 그리고 토마토에 많이 포함되어 있다. 하지만 약물로서는 의사에게 처방받아야만 구할 수 있다. 약물치료를 하기 전에 규칙적인 취침시간과 앞에 소개된 다양한 방법을 사용하는 것을 권장한다.

Chapter 16

분 노

투렛 증후군과 공격성

투렛 증후군의 약 37퍼센트가 특정치는 않으나 어떤 한 시점에 분노조절문제를 겪은 경험이 있는 것으로 나타났다(Freeman 외, 2000). 스웨덴 학교 사례를 대상으로 한 한 연구에서는 투렛 증후군이 있는 학생들을 가르치는 선생님들이 그들 학생들의 약 35퍼센트가 공격성 문제를 보였다고 보고한 것으로 나타났다(Kadesjo 외, 2000). 투렛 증후군이 있는 아이들에게서 나타나는 분노의 특성은 다음과 같다.

- 일반적으로 갑자기 나타남
- 급격히 최고조로 도달함
- 그 상황 후에 안도함

- 기분이 안 좋은 것과 관련이 있어 보임
- 유연성 없고 고집이 센 경우 일어나는 경향이 있음
- 피곤할 때 발생함
- 좌절감을 느끼거나 당황했을 경우와 관련이 있어 보임

공격성은 투렛 증후군이 있는 아동을 클리닉으로 데려오는 가장 주된 이유 중의 하나이다. 투렛 증후군이 있는 아동의 경우 분노표출이 일주일에 세 네 번 일어나는 경향이 있다는 보고도 있다. 공격적인 행동은 주의력결핍과잉행동장애(ADHD)가 있을 때 주로 충동적인 행동 때문에 증가하는 것으로 추론하기도 한다. 공격적인 행동은 또한 강박적 충동장애를 포함하는 불안장애가 있는 경우에도 증가하는 것으로 알려져 있는데, 보통 좌절감이 드는 불안과 불편함의 결과로 인한 것으로 분석된다. [그림16-1]은 화와 틱의 연관성을 보여준다.

I feel angry when I have tics, crocodiles can be aggressive and angry, this is why I have chosen a crocodile.

[그림 16-1] 화와 틱

폭발적인 표출

분노공격이라고도 알려져 있는 폭발적 분노증은 화가 났을 때 심각하게 충동적으로 분노하는 경우를 말한다. 그 시작은 보통 아동기에 주로 일어난다고 하며 가정과 학교 모두에서 중요한 행동문제로 발현될 수 있다고 한다. 분노공격은 단순한 울화증과 짜증이 아님을 인지할 필요가 있다. 짜증을 부리는 것은 보통 원하는 것을 해주기를 바라는 목표가 있다. 하지만 분노표출의 목표는 그간 쌓인 긴장을 푸는데에 목표가 있는 것으로 보인다고 추론한다.

투렛 증후군을 가진 아동 중 약 23-40퍼센트가 이런 종류의 문제가 있을 수 있다고 하지만, 투렛 증후군과 특별히 관련이 있다기 보다는 주의력결핍과잉행동장애(ADHD)와 불안같이 부가적으로 일어나는 문제들에 오히려 관련이 되어있다고 한다(Wright 외, 2012). 분노공격은 주로 어떤 계기 없이 일어나거나 설령 계기가

- 주먹을 꽉 쥐게 된다
- 얼굴이 붉어진다
- 땀이 난다
- 이빨을 꽉 문다
- 안절부절못하고 속이 울렁거린다
- 숨이 가팔라진다
- 머리가 아프다
- 손바닥에 땀이 찬다

[그림 16-2] 분노의 증상

있어도 그에 어울리지 않는 반응으로 나타난다. 아마도 증대된 자극에 선행되는 형태인 것 같다는 분석도 있다. [그림 16-2]는 투렛 증후군이 있는 아동 집단에 의해 묘사된 분노증상들을 나타내고 있다.

이렇게 분노표출을 하고나면 아동은 자주 후회와 창피함을 보이는데 이 점이 공감능력의 부족과 구분되는 점이라고 한다. 화를 낸 후 후련함과 진정됨을 느끼기도 할 것이라는 분석도 있다. [그림 16-3]은 한 어린이가 자신의 경험들을 드래곤에 비교한 것이다.

[그림 16-3] 분노

자해행동

　　자해행동(SIB: Self—injurious behabiour)은 자살 의도 없이 자신에게 상해를 입히는 고의적인 반복적 행동을 말한다. 이 행동은 투렛 증후군이 아주 심한 아동들에게서도 드물기는 하지만 나타나기도 한다. 자해행동은 꼬집기, **뺨때리기**, 물기, 머리 부딪히기와 자신을 때리기 등을 포함한다. Mathews(2014) 등의 연구에 의하면 이 증세의 심각도는 깅박충동증과 상관관계가 있는 것으로 나타났다. 분노표출과 위험감수행동증대와도 상관관계가 있다고 한다. 주의력결핍과잉행동장애(ADHD)가 함께 있는 경우에도 나타나는 것으로 알려져 있다.

심리적 관리

　　어느 누구나 화를 내고 분노를 표현할 수 있다. 하지만 적당한 정도로, 적당한 타이밍에, 이유가 분명하게, 그리고 적당한 방법으로 표현하는 것은 쉬운 일이 아니다. 분노조절은 분노에 대해서, 그리고 분노가 한 개인과 그 주변사람에 미치는 영향에 대해서 배우는 것을 말한다. 분노는 우리 몸이 싸움을 준비하게 하는 어떤 위협에 대한 반응으로 보는 것이 중요하다. 생리적이고 자동적인 반응이라는 것이다. 일종의 '싸움'의 선택방법으로 볼 수도 있다. [그림 16−4]의 리스트는 자신의 분노를 화산폭발에 비유해 설명한 투렛 증후군을 가진 아동들이 제공한 것이다.

어떤 점이 화산 폭발이 일어나게 만드나?

- 어떤 것이든 화산폭발이 일어나게 만들 수 있다
- 틱이 심할 때
- 사람들이 나를 자극시킬 때
- 사람들이 내 소유물을 가져갈 때
- 사람들이 거짓말 할 때
- 선생님들이 이해 못할 때
- 사람들이 게임에서 속일 때

[그림16-4] 분노와 화산폭발

분노는 이차적인 감정이다. 주된 일차적인 감정은 거절당한 느낌이나 자기부정, 공포, 당황, 실망 또는 좌절 등인 경우가 많다. 이런 점을 인지하고 분노의 원천인 주된 일차적 원인이 된 감정을 대처하는 것을 배우는 것이 분노 조절의 주요 사안이라고 할 수 있다. 우리는 분노를 다양한 방법으로 대응하는데 다음과 같이 요약할 수 있다.

- 묻어버리기(억압된 화)
- 표현하지 않기로 하거나 표현이 불가능함(진압된 화, 숨기는 화)
- 다른 사람에게 분노 표출하기(대체된 분노)
- 굉장히 심하게 내는 표출되는 분노(문제적 분노)
- 적절하게 표출되는 분노(보편적인 분노)

분노를 표출함에 있어서는 우리가 '어떻게' 표출하는지가 중요한 문제이다. 이때 대처하는 몇 가지 도움되는 방법은 다음과 같다.

- 당신의 감정에 대해 관심을 가질 것
- 그 자리에서 떠나볼 것
- 다른 일을 해볼 것
- 진정으로 경청할 것
- 무시해 볼 것
- 생각을 정리하고 통제할 것
- 운동을 해볼 것
- 좋아하는 친구나 당신의 기분을 좋게 해주는 친구들과 이야 기 할 것

만약 누군가에게 화가 난다면 다른 사람에게 이야기하기 전에 긴장된 근육과 꽉진 주먹을 진정시키려 노력해보거나, 두 사람 사이의 거리를 잠시 두거나, 또는 천천히 숨을 쉬도록 노력해보는 것이 좋다. 이렇게 하면 다음에 무슨 말을 할지 생각하는 시간이 생

화산분출을 어떻게 막을 수 있나?

1. 태극권(Tai Chi)
2. 소리를 지른다
3. 베개를 때린다
4. 펀치 백을 때린다
5. 할 수 있는 좋은 말 찾기
6. 휴식취하기

[그림 16-5] 분노를 막는 방법

기게 된다. [그림 16-5] 역시 투렛 증후군과 분노 증세가 있는 아동들이 직접 제공한 자신들의 생각이다.

부모님을 위한 조언

- 상태를 더 악화시키도록 만드는 계기나 상황을 구별해낼 것
- 관계를 긍정적으로 유지하고 바람직하고 좋은 행동을 하는 것을 볼 때마다 칭찬할 것(단 진정성 있는 칭찬이어야 함)
- 틱의 부정적인 영향을 줄이려고 노력할 것
- 휴식시간을 만들 것
- 분노가 가라앉도록 시간을 줄 것
- 분노가 일어나는 상황이 발생했을 때 논쟁과 벌주는 행동을 피할 것
- 진정되었을 때 아이의 그때 감정과 그것을 표현할 수 있는 다른 방법들에 대해 대화를 나눌 것
- 아이를 사랑해주고 껴안아줄 것
- 충분히 잘 수 있도록 수면 습관을 도와줄 것
- 교육과 학습에 신경을 쓰고 공부를 열심히 하고 선생님들을 존경하는 것이 중요하다는 것을 알려줄 것
- 아이가 자랄수록 어느 정도의 책임감도 가지게 해줄 것
- 흥미 있는 취미를 가지게 도와주고 형제자매 사이의 개별성을 키워줄 것
- 아이들의 에너지 발산 및 자존감 고취에 도움이 되는 스포츠 활동을 장려할 것
- 식생활습관에 항상 신경 쓰고 당이 너무 많고 짜증과 기분 조절에 영향을 미치는 건강에 좋지 않은 인스턴트 음식을

너무 많이 섭취하지 않도록 할 것
- 도전이 필요한 상황이긴 하지만 부모님이 다른 누구보다 자신의 자녀를 안다는 것을 잊지 말 것
- 최선을 다해서 자녀를 양육하고 돌볼 수 있도록 부모로서의 역할과 긍정적인 경험에 집중할 것
- 무엇보다도 스스로를 잘 돌볼 것
- 많은 도전에 직면해 있고 다른 사람들은 쉽게 충고를 하면서 오히려 부모님들을 부족하게 느끼게 만들 수도 있지만 부모님은 부모님으로서 할 수 있는 최선을 다하고 있음을 잊지 말 것

약물치료

투렛 증후군을 차료하기 위해 사용되는 약물은 진정제 효과가 있다. 리스페리돈(Risperidone), 할로페리돌(Haloperidol), 그리고 아리프라졸(Ariprazole) 같은 항정신성 약물이 틱과 공격성 치료에 쓰이는 약물이다. 틱에 동반하는 강박증(OCD), 불안(Anxiety), 주의력결핍과잉행동장애(ADHD)와 같은 증세를 치료하는 것도 투렛 증후군의 치료에 도움이 된다.

부모역할과 가족생활

Chapter 17

진단에 적응하기

일단 투렛 증후군으로 진단이 내려졌을 때 부모님들은 분노, 걱정, 부정, 슬픔, 그리고 자책과 같은 다양한 감정을 느끼게 된다. 어떤 식으로 반응해야 하는지에 대한 '올바른 방법'은 없다. 모든 사람들은 각자의 방식으로 다르게 반응하는 법이다.

심지어 자녀가 투렛 증후군이 있음을 이미 확신하고 전문가의 공식적 진단을 예상한 부모님도 진단이 확실히 내려진 후 자녀를 보호하기 위한 미래에 대한 고민으로 불안감을 느낀다. 어떤 부모님은 자녀를 진단 전과 매우 다른 시각으로 바라보고 그들이 기대했던 '완벽한 아이'를 잃었다는 슬픔에 잠기기도 한다. 또 어떤 부모님은 진단 자체를 받아들이기 힘들어 다른 병원을 찾기도 한다.

특히 부모님이 과거에 아동 증세의 문제를 부모양육 문제나 유아기의 경험들이나 또는 학교 스트레스 문제로만 치부하는 전문가를 만난 적이 있었다면, 전문가를 대상으로 화를 내는 것도 특이

한 일은 아니다. 진단을 받은 부모님은 자녀가 다른 사람들에게 놀림을 받을까봐 걱정이 되고, 직장을 구할 수 없을까봐 걱정도 될 것이며, 성인이 되었을 때 인간관계에 대해서도 걱정이 될 것이다. 또한 삶에 있어 여러 도전을 직면할 것도 걱정이 될 수밖에 없다. 만약 부모님이 이런 감정을 느낀다면 이는 지극히 정상적인 반응이며 이런 감정들은 극복해낼 수 있다.

단지 이런 감정들을 극복하는 데에는 시간이 걸린다. 대부분의 부모님들은 이런 감정들을 이겨내고 적응하게 된다. 비슷한 상황에 처한 다른 부모님들과 이야기를 나누고 투렛 증후군에 대한 정보를 알게 되면 부모님들은 훨씬 더 자신감을 갖기 시작하고 안심을 하게 된다. 투렛 증후군을 가진 아동 입장에서도 부모가 항상 걱정하고 자신을 지켜보며 모든 상황과 틱을 분석하는 것을 원하지 않는다. 우리 저자들의 경험에 의하면 아동은 그들의 부모가 틱 문제에 긍정적으로 접근할 때 오히려 더 잘 반응하고 대응하는 것을 알 수 있었다.

죄책감

투렛 증후군이 있는 아동의 부모님들 중 많은 분들이 자녀의 상태와 행동에 대해 죄책감을 가진다. 이런 부모님들은 아마 다른 사람들에게 자녀가 '버릇없이' 행동하는 것은 부모의 책임이라고 들었을 것이다. 사람들은 일반 아동과 다르게 행동하는 아이를 보면 부모 잘못이라고 자동적으로 추정해버리는 경향이 많다.

많은 부모님들이 자녀가 틱을 시작했을 때 아이가 부모를 화나게 하려고 일부러 얼굴을 찡그리거나 소리를 낸다고 생각하고 야단쳤을 수가 있으므로 그에 대해서도 죄책감을 가진다. 아이에게 소리를 지르거나 아이가 좋아하는 것을 빼앗거나 근신하게 했을 수도 있기 때문이다. 하지만 이런 실수는 매우 흔하고 아이의 상태를 이해해나가는 과정이므로 너무 지나친 죄책감에 빠져서는 안 된다.

투렛 증후군이 있는 아이들의 부모님들은 유전적인 요소도 있다는 정보를 책에서 발견하고 이에 대한 죄책감을 가지기도 한다. 종종 그런 유전자를 물려줬다고 배우자를 원망하는 경우도 많다. 하지만 그 어떤 연구자도 어떤 특정 유전자가 투렛 증후군을 물려주는지 발견하지 못했다. 무엇보다도 자녀가 유전자를 물려받을 때 친절함이나 인내심, 배려심, 그리고 지적인 능력 같은 다른 긍정적인 인성적 요인도 물려받았음을 잊지 말아야 한다. 단순히 유전자 문제라고 이야기할 간단한 문제가 아닌 것이다.

본인이 투렛 증후군이 있는 부모님들의 경우에는 투렛 증후군을 가지고 살아가고 적응해 가는 것이 어떤 것인지 알기 때문에 대부분의 그렇지 않은 부모님들보다 자녀에게 어떻게 적응하고 대처할지 잘 상담해줄 수 있다. 그들은 또한 자녀와 공감을 더 잘할 수 있다. 공감능력은 특히 자녀의 자존감을 고취시키는데 중요한 요소이므로 이런 점에서는 유리하다고 할 수 있다. 하지만 주의력결핍과잉행동장애(ADHD)나 강박장애(OCD), 또는 투렛 증후군이 있는 부모님들은 스스로 그로 인한 증상 때문에 그 증상으로 인한 좌절감을 극복하기 위해 특히 노력해야만 한다. 비슷한 상황에 있는 다른 부모님들, 선생님들, 그리고 다른 가족구성원들과 팀으로서 이를 극복해나가는 것이 큰 도움이 됨을 유념해야 한다.

여기서 중요한 점은 모든 아동은 부모가 지지를 해주고 죄책감에 빠지지 않고 강할 때 더 잘 적응하고 극복해나간다는 사실이다.

다음 단계로 넘어가기

앞에서도 언급하였듯 자녀의 투렛 증후군 진단을 받아들이고 적응하는 것은 시간이 걸리는 일이다. 받아들인다는 것은 하룻밤 새 일어나는 일이 아니다. 비슷한 경험을 한 부모님들과 이야기하는 것이 도움이 된다. 지역 투렛 증후군 모임이나 단체에 도움을 구하는 것도 좋은 방법이다. 책이나 논문 등을 통해 투렛 증후군에 대해 최대한 학습할 필요가 있다. 지식이 힘이다. 시간이 흐르면서 부모님들도 투렛 증후군이 이전에 상상했던 것처럼 상상할 수 없을 만큼 나쁜 것만은 아니라는 것을 알게 된다. 아주 드문 심각한 사례에만 기인한 미디어나 일반대중이 알고 있는 사실은 때로 부정확하다는 것을 알아야 한다.

부모님들이 투렛 증후군에 대한 지식을 더 많이 익힐수록 통제할 수 있다고 느끼게 될 것이다. 하지만 이 역시 부모님들 스스로 자신의 방식대로 정보를 습득해나가야 한다. 투렛 증후군이 삶의 전부가 되도록 내버려둬서는 안 된다는 말이다. 투렛 증후군에 대한 책을 읽으면서 부모님들은 투렛 증후군에 대한 전문가가 되어갈 것이다. 의사들보다도 많이 알 수도 있을 것이다. 부모님들이 오히려 담당의사를 교육시킨다는 이야기도 자주 듣는 말이다. 담당의사가 모든 것을 다 알 수는 없으므로 투렛 증후군에 대한 새로운 정보는 매우 환영할 일이다. 이런 정보가 언젠가는 다른 아동이 좀더 일찍 진단받고 적절한 도움을 얻을 수 있도록 하는데 도움이 될 수 있기 때문이다.

형제자매 관계

사람들은 어떤 일이든 각자 다른 방식으로 반응한다. 만약 아동이 투렛 증후군이 있다면 형제자매는 그 증상에 대해 알고 있을 가능성이 높고, 그 영향을 받았을 것이다. 만약 아동이 주의력결핍 과잉행동장애(ADHD)나 심각한 강박장애(OCD) 증세를 보인다면 더 그럴 수 있다. 특히 음성 틱에 대해서는 짜증을 낼 수도 있을 것이다. 부모님이 투렛 증후군이 있는 아동에게 더 관심을 기울인다고 생각할 수도 있다. 따라서 형제자매들 사이에 억울함이나 분함이 쌓이는 것을 최소화시킬 필요가 있다. 형제자매의 투렛 증후군 때문에 형제자매가 그 어떤 특별한 행사도 놓치게 해서는 안 된다. 한 자녀의 투렛 증후군으로 인한 어떤 특정 행동문제 때문에 주말 여행을 줄이고 온 가족이 여행에서나 외출에서 일찍 돌아와버리는 흔한 사례들도 여기에 포함된다.

부모님들은 다른 자녀들에게 투렛 증후군에 대해 잘 설명을 해주어야만 한다. 때때로 우리는 어린 아동에게는 투렛 증후군을 마치 '뇌의 재채기'와 같은 것이라고 설명해준다. 투렛 증후군을 가진 형제나 자매가 내는 소리는 마음대로 조절할 수 있는 것이 아니라는 것을 잘 알려줄 필요가 있다.

또한 부모님들은 투렛 증후군이 있는 자녀에게 엄청난 시간을 빼앗기게 되므로 다른 자녀와의 특별한 시간도 필요하다. 때로는 투렛 증후군이 있는 형제나 자매 때문에 혼자 남겨졌다고 느끼는 아동도 있을 수 있다는 것을 유념해야 한다.

친척관계

대부분의 친척들은 아동과 투렛 증후군에 대해 이해하려고 매우 노력할 것이다. 부모님들은 투렛 증후군에 대한 정보와 증상에 대해 정리한 표 같은 것을 친척들에게 제공하면 좋다. 그러나 친척 중에는 아동이 받은 진단을 수용하기를 거부하거나 부정하는 사람도 있을 수 있다. 많은 부모님들이 그런 가족구성원들의 태도로 인해 상처를 받는 경우가 많다.

부모님들은 그런 친척들에게는 끊임없이 틱에 대해 설명해야만 할 것이다. 만약 아동의 상태에 대해 설명한 후 여전히 의심과 부정적인 태도를 접한다면 투렛 증후군이 있는 자녀가 혹시 이런 친척들과 함께 있을 때 힘들어하지는 않는지를 잘 살펴보아야 한다. 많은 친척들이 자신들이 도울 일이 있는지 몰라 하는데 다음 사항들을 참고로 할 수 있다.

- 투렛 증후군에 대한 정보들을 친척들에게 제공할 것
- 틱 증상에 대해 설명해주고 자녀가 이를 마음대로 조절할 수 없다는 것을 설명해줄 것
- 자녀에게 가능한 한 평범한 아이들과 같이 대해주고 친척들이 틱에 대해 이슈화하지 않아야 함을 강조할 것
- 친척들도 함께 포함시켜 질문에 답을 해줄 수 있는 전문가와의 상담에 함께 초청할 것
- 무엇보다 아동이 확대가족의 일원으로 소속감을 느끼는 것이 중요하므로 친척들과 좋은 관계를 유지하도록 할 것. 만약 아동이 학교 안팎에서 동년배 친구들과 어울리지 못하는 경우에는 특히 확대가족과의 관계가 중요함

부모

투렛 증후군이 있는 자녀를 보살피는 일은 매우 힘든 일이다. 아이들은 그들의 부모가 강하고 지지적일 것을 필요로 한다. 따라서 부모님들이 스스로를 잘 돌보는 것이 매우 중요하다. 어떤 부모님들은 그들의 자녀가 투렛 증후군임을 진단받으면 그들의 취미나 일을 즐길 수 없고 이전에 흥미를 갖던 것들을 포기해야만 한다고 생각한다. 이는 죄책감 때문일 수도 있고, 경제적 비용 걱정 때문이거나 단순히 모든 에너지를 자녀 돌보는데 헌신해야 한다는 생각 때문일 수도 있다. 하지만 정말 어쩔 수 없는 경우가 아니라면 취미생활을 포기하지 않아야 한다. 투렛 증후군이 부모님들의 삶을 장악해서는 안 된다는 것이다. 만약 투렛 증후군이 삶의 전부가 된다면 정신적으로 황폐해지고 지치게 만들 것이다. 삶에 활력을 찾기 위해서 다음을 유념할 필요가 있다.

- 휴식을 취할 것: 요가, 수영, 산책, 또는 독서
- 사물을 바르게 보기: 모든 아동은 다양한 문제를 가지고 있고 투렛 증후군이 있는 아이라고 해서 부모에게 스트레스를 독점하는 존재가 아니라는 점을 깨달을 것
- 다른 사람과 공유할 것: 의지가 되는 친구들이나 친척들과 대화할 것
- 비슷한 상황에 있는 다른 부모와 대화할 것: 부모님들끼리 서로 연락할 수 있는 지역 모임이나 지원 단체를 찾아볼 것. 비슷한 상황에 있는 사람들을 만나는 것은 덜 고립된 기분을 느끼게 해주므로 부모님들끼리 적응하는 방법을 공유함으로써 서로를 도울 수 있음

- 만약 배우자가 있다면 서로를 돌봐주는 것이 중요한데, 모든 사람은 각자 다르게 반응하기 마련이므로 서로가 필요로 하는 것에 대해 민감할 필요가 있음
- 한 번씩 자신에게도 보상을 줄 필요가 있음. 꼭 비싼 것일 필요는 없으며 방해받지 않고 커피 타임을 가진다거나 좋아하는 잡지를 산다거나 산책을 한다거나 친구를 방문하는 것들도 좋은 보상이 됨

적당히 휴식도 취할 줄 아는 부모님들은 자녀의 행동에 대처하고 적응하는 데 있어 좀더 수월하게 대응할 수 있다. 전문가들도 부모님이 침착하고 지지적일수록 아이들도 틱에 더 잘 적응하는 것을 확인할 수 있다고 보고하고 있다.

가정에서

일반적으로 대부분의 부모님들은 아이가 고통스럽지만 않으면 운동성 몸 틱은 대처가 가능하다고 이야기하는 경우가 많다. 만약 운동성 몸 틱이 아동을 고통스럽게 한다면 근육을 부드럽게 마사지 해주는 것이 도움이 된다. 만약 고통이 지속되고 참기 어려우면 단기간 복용할 수 있는 진통제를 처방해줄 수 있는 의사를 방문하는 것이 좋다. 갑작스러운 팔다리의 경련 같은 틱이 올 경우 꽃병이나 장식품같이 깨질 수 있는 것은 아동의 근처에 두지 않아야 한다. 아동 근처에서 뜨거운 커피잔이나 찻잔을 들고 있는 것도 주의해야 한다. 외출했을 경우에도 마찬가지로 조심해야 하는 사례들이다.

가정에서 가장 심각한 문제를 일으키는 것은 크고 반복적인

음성 틱인 경우가 많다. 음성 틱은 못 들은 척 신경을 안 쓰기가 무척 어렵고 전체 가족구성원에게 긴장을 초래할 수 있다. 가족 모두가 함께 모여 TV를 시청하는 것도 어려운 일이 된다. 많은 경우에 음성 틱이 있는 자녀는 따로 다른 방으로 보내게 된다. 그런데 이는 아동의 자존감을 낮게 만들게 될 우려가 있으므로 좋지 않은 방법이다. 아이가 가장 편안하게 생각하는 가족과 경험을 나누는 기회들을 빼앗는 것이나 다름없기 때문이다.

만약 다함께 TV시청을 하는 것이 정말 큰 문제이고 다른 자녀나 가족구성원에게 심각한 영향을 미치고 도저히 참을 수 없이 방해가 되는 문제라면 차라리 헤드폰을 여러 개 구매하는 것을 고려하는 것이 좋다. 적어도 아이가 다른 형제자매들과 함께 같은 방에 있을 수 있기 때문이다. 어떤 방법이든 아이의 스트레스를 줄일 수 있어야 아이에게 도움이 된다. 이런 이유로 학교수업이 끝난 후의 시간이 부모님들에게 가장 힘든 시간이 될 수 있다. 투렛증후군이 있는 아이들은 학교에서 틱을 가능한 한 참으려고 노력하기 때문에 집에 도착하자마자 틱을 쏟아내게 된다. 이를 문제로 삼을 것이 아니라 그만큼 아이가 집에서는 자기 자신으로 돌아올 수 있는 편한 곳이라는 것을 보여주는 것이므로 아이에게 편안하게 쉴 곳을 만들어 주고 있다고 안심할 필요가 있다. 학교에서 귀가한 뒤 아이가 틱을 쏟아내는 것에 대해 마음의 준비를 해야 한다. 아이가 마음껏 뛰어다니고 자기 자신이 될 수 있도록 해주어야 하는 것이다.

공공장소에서

틱이 있는 많은 아동들이 자신의 증세에 익숙해서 틱을 하는 데 대해 특별한 문제가 있다고 느끼지 않을 수 있다. 우리 클리닉에서 한 아동의 형제가 지적한 것처럼 '문제는 내 동생에게 있는 것이 아니라 내 동생 주변의 사람들에게 있어요'라는 말을 기억할 필요가 있다. 아동의 틱과 관련해 공공장소에서 만나는 낯선 사람들의 반응에 대응하는 것은 부모님들에게 아픔과 당황감, 분노, 그리고 슬픔을 야기할 수 있다. 많은 부모님들이 자녀를 대신해 설명하고 사과하는 것에 대해 지칠 수 있다.

삶에 있어서 대부분의 일이 그렇듯 무지는 편견을 낳는 법이다. 공공장소에 있을 때 대부분의 사람들은 투렛 증후군에 대해 잘 알지 못한다는 것을 기억해야만 한다. 따라서 다르게 보이는 것들을 쳐다보는 경향이 있는 사람들을 받아들일지 그 시선을 무시할지 선택할 수 있다. 그런 시선은 자연적인 것이다. 사람들은 만약 누가 통상적이지 않은 옷을 입거나, 매우 말랐거나, 뚱뚱하거나 또는 다른 인종이나 문화권이거나 장애가 있는 경우에도 쳐다보기 마련이다. 그런 시선에 대처하는 방법은 아동과 부모님 모두 사람들이 궁금하고 관심이 있기 때문에 쳐다보는 것이라고 생각하도록 훈련하는 것이다.

몇몇 부모님들은 십 년 전에 자녀가 들었던 말들도 여전히 생각이 난다고 이야기한다. 그리고 그 이유는 그때 들었던 말 자체가 부모님들을 화나게 하는 것이 아니고 아무 말도 대답을 하지 못하고 그냥 받아들였던 것 때문이라고 한다. 사람들이 자녀에게 하는 말이나 거북한 시선에 대해서는 대답해 줄 상투적인 말들을 준비해두는 것도 한 방법이다. 사실상 그런 상황이 생기면 투렛 증후군에 대해 일반인들을 교육시키는 기회라고 볼 수도 있다. '언짢아 보이는 점에 대해서는 미안합니다. 하지만 우리 아이는 크게 기침하는 것을 멈출 수가 없어요. 우리 아이는 투렛 증후군이라고 알려진 틱을 가지고 있어요'라고 말하는 것도 방법이다.

만약에 상대가 관심을 보이면 조금 더 설명하는 것도 좋다. 이

때 정중한 어투를 유지하는 것이 필요하다. 만약 필요하다면 강하고 확고하게 말하되 소리를 지르거나 화를 내지는 말아야 한다. 그리고 이런 상황에서 자녀의 틱에 대해 사과하는 것이 아니라 상대가 짜증난 사실에 대한 것에 대한 사과라는 것을 기억해야만 한다.

자녀에게도 비슷한 접근법에 대해 가르쳐주고 역할놀이를 통해 연습해보는 것도 좋다. 욕설같이 듣기 기분 나쁜 단어가 포함된 음성 틱을 한 경우 사과를 하도록 가르치는 것은 특히 중요한 일이다. 만약 욕설이 포함된 음성 틱을 들었다 하더라도 진정한 사과를 하면 대부분의 사람들은 이해하고 넘어간다. 어떤 아동과 성인들은 투렛 증후군에 대한 정보를 적은 카드를 지니고 다니는데 이 방법도 도움이 된다. 공공장소에서 평정을 유지함으로써 자녀에게 좋은 역할 모델이 되고 있음을 유념해야 한다.

Chapter 18

행동문제 대응하기

병원에서 자주 듣는 질문이 행동문제에 관한 것이다. 특히 그 행동이 투렛 증후군에 의한 것인지 아니면 단순히 반항이나 버릇이 없는 것인지에 대한 질문이 많다. 이에 대해서는 사실상 판단하기 어려운 문제이다. 우리가 할 수 있는 대답은 '계획된' 나쁜 짓 다시 말해서 미리 계산된 행동은 투렛 증후군 때문이 아니라는 것이다.

이 책의 첫 부분에서 소개되었던 욕설이나 음담을 내뱉는 강박적 외설증(Coprolalia)은 아동에게는 극히 드문 증세인지 묻는 질문도 많이 받는 질문 중 하나이다. 틱으로 인한 나쁜 말은 싸움이나 언쟁 같은 상황이 아닌 전혀 뜬금없는 상황에서 일어난다. 따라서 아동 역시 놀라고 당황스러워하며 아마도 미안해할 것이다.

아동이 왜 특정 행동을 해야만 하는 충동을 느끼는지 말하지 않는 한 부모는 아동이 충동적으로 할 수밖에 없었는지 아니면 아동이 어느 정도 통제할 수 있었는지를 판단해야만 한다. 자녀를 가장 잘 아는 것은 부모이므로 이럴 때는 부모의 판단이 중요하다.

모든 아동은 버릇이 없을 수도 있고 반항적일 수 있으며 공격적이고 충동적일 수도 있다. 투렛 증후군과 그에 수반되는 행동적 어려움을 가진 아동은 일반적인 아동보다 위에서 언급된 반항적으로 보이는 행동들을 더 많이 보일 수도 있다. 따라서 허용되는 행동에 대한 규칙이나 표준 같은 훈육과 적절한 행동에 대해 학습하는 행동관리 같은 도움이 일반아동보다 더 필요하다고 할 수 있다.

부모님을 더 힘들게 만들고 도전을 요하는 아동일수록 부모님이나 선생님들로부터 부정적이고 비판적인 반응을 받을 가능성이 높다는 것도 유념할 필요가 있다. 이런 부정적 경험은 아동이 긍정적이지 못한 자기 이미지를 가지게 할 수 있고 자신감을 부족하게 만들 수도 있으며 오히려 반사회적 행동을 하게 만들 수 있다. 그러므로 투렛 증후군을 가진 아동의 부모님들은 더 많은 노력을 해야 한다. 이런 노력은 결국에는 가치 있는 성과를 가져온다는 것을 유념해야 한다.

준비하기

행동문제와 관련해서는 시작부터 문제행동을 예방하도록 미리 계획하고 준비하거나 적어도 문제행동이 시작되었을 때 효율적인 대처전략을 준비하는 것이 도움이 된다. 어디를 가든지 일찍 떠나올 각오를 하는 마음의 준비가 필요할 수도 있다. 만약 아동이 친구들과 함께 외출을 할 경우에는 아이들을 책임질 어른에게 미리 주의점을 이야기해두는 것도 필요하다. 아동이 어려움을 겪을 수도 있다는 것을 설명하고 누군가 아동이 특이 행동을 할 가능성의 예후를 살펴보게 하는 것이 도움이 될 것이다.

만약 극장 같은 곳에 가게 되면 혹시 문제행동이 발현될 경우 빨리 자리를 뜰 수 있는 복도자리를 선택하는 것이 좋다. 또한 음식점이나 공항 같이 오래 기다려야 하는 장소에 가게 되면 책이나 색칠도구, 아이패드와 같은 태블릿 등 아동이 집중할 수 있는 다양한 것들을 준비하는 것이 좋다. 음식점을 선택할 때도 음식이 빨리 제공되는 곳이나 뷔페서비스를 이용하는 것이 좋다. 음식점에서의 좌석 배열도 신경 쓸 필요가 있다. 말다툼이나 장난 등을 막기 위해 부모가 자녀들 중간에 자리하는 것이 좋다. 쇼핑몰에 갈 경우에도 덜 붐벼서 아동이 자극받는 상황이 덜한 시간에 가는 것이 좋다.

행동관리

행동관리에 있어서 기본적인 전제는 대부분의 아동이 관심을 원한다는 것이다. 이는 특히 투렛 증후군과 주의력결핍과잉행동장애(ADHD) 증세가 함께 있는 아동에게 적용된다. 만약 아동이 긍정적인 관심을 정기적으로 받지 못하면 부정적인 관심을 불러일으키려고 할 수도 있다. 이런 경우에는 가능하면 아동의 행동이 위험하거나 폭력적인 것이 아니라면 관심 유발을 위해 하는 행동은 가급적 무시하는 전략을 사용할 수도 있다. 그리고 아동이 아닌 아동의 행동에 집중할 것을 명심해야 한다. 아동은 사랑하되 그 행동을 사랑하지 않는 것이다. 만약 한계를 넘어서는 행동을 한다면 다음에 소개되는 전략을 써보기를 추천한다.

아동이 바람직한 행동을 하게 만드는 법

만약 아동이 하는 특정 행동이 긍정적인 관심이든 부정적인 관심이든 아동에게 강화가 되는 반응을 이끌어낸다면 아동은 같은 행동을 다음에도 반복할 가능성이 높다. 만약 아동이 하는 행동이 바람직한 행동이라서 칭찬을 받게 된다면 아동은 그 행동을 계속 할 것이다. 만약 바람직한 행동이라도 칭찬이라는 강화를 받지 못 한다면 그 행동은 하지 않게 될 것이다. 그러므로 아동이 바람직한 행동을 지속적으로 하길 원한다면 칭찬과 보상을 계속 해줄 필요 가 있다. 이때 칭찬과 보상은 지지하는 말이나 가볍게 등을 쓰다듬 어주거나 안아주거나 '네가 정말 자랑스럽구나'와 같이 말하는 것 이다. 아동이 지겨워지지 않게 칭찬도 다양하게 하는 것이 좋다. 아동이 하는 좋은 행동을 주의 깊게 관찰하고 그 행동이 지속되기 를 바란다면 칭찬으로 보상하는 것을 유념해야 한다.

반대로 만약 아동이 바람직하지 않은 행동을 하는데 그냥 '안 돼!'라고 이야기하는 것보다 더한 관심을 아동에게 보여준다면 아 동은 그 행동이 바람직하지 않더라도 지속하게 될 수도 있다. 이때 관심을 주지 않으면 어떤 보상도 주어지지 않은 셈이므로 아동은 더 이상 그 행동을 지속하지 않을 가능성이 높다.

5세에서 10세까지의 어린 아동에게는 칭찬스티커 같은 것이 도움이 될 수 있다. 만약 아동이 매일 자신의 침대를 정리하는 등 의 과업을 달성하면 매일 칭찬스티커를 주는 것이다. 그리고 매주 충분한 칭찬스티커를 모으면 작은 보상이나 또 다른 쿠폰을 부여 한다. 이렇게 매주 또 쿠폰을 모으면 월말에는 아동이 원하는 것을 구매할 수 있게 해줄 수 있을 것이다. 이 과정에서 아동이 쿠폰을 얻기 위해 몇 개의 스티커가 필요하다든지, 어떤 것을 구매할 수 있게 된다든지 직접 협상하고 결정하는 데 참여한다면 이런 보상

방법은 가장 큰 효과를 볼 수도 있다. 이런 보상강화방법을 식상하게 만들지 않게 하기 위해서는 각 목표행동이 향상될 때마다 또 다른 목표행동을 정해 적용해나가는 것이 좋다. 스티커나 쿠폰의 종류도 다양하게 해야 한다.

아동 칭찬하기와 행동 제한하기

아동이 바른 행동을 할때를 잘 살펴서 즉시 칭찬하는 것이 중요하다. 앞에서 언급되었듯이 칭찬은 바람직한 행동을 계속하도록 하게 만들 가능성이 높다. 칭찬을 할 때에는 칭찬에 대해 세부적일 필요가 있으며, 아동이 분명히 이해할 수 있도록 어떤 행동에 대해 칭찬하는 것인지를 명확히 짚어주어야 한다. 투렛 증후군이 있는 전형적인 아동은 다른 평범한 아동보다 더 많은 칭찬이 필요하다.

해서는 안 되는 행동에 대한 제한선을 확고히 정할 필요도 있다. 투렛 증후군과 주의력결핍과잉행동장애(ADHD)가 같이 있는 아동은 한계를 시험하기도 한다. 제한선을 정하고 그에 대한 지침을 알려줄 때에는 다음 사항을 유의할 필요가 있다.

- 짧고 분명할 것
- 바람직한 행동이 어떤 행동인지 분명히 할 것
- TV 조정기를 선점하는 것에 대한 것과 같은 사소한 규칙을 만드는 것은 피할 것
- 다섯 개에서 열 개 정도의 분명한 규칙을 만들도록 할 것
- 가정 내 규칙을 만들 때는 가족구성원의 동의를 얻을 것
- 규칙을 명문화할 때 '침대 정리를 했을 때 그 후 놀 수 있다'와 같이 '~를 하면 그 후 ~할 수 있다'는 식으로 구체화할 것

- 바람직한 행동은 칭찬할 것
- 규칙을 따르지 않았을 때에는 그에 따른 결과 책임이 있음을 분명히 할 것
- 일관성이 있을 것

아동은 누구나 칭찬받기를 원하며 부모를 즐겁게 만들고 싶어 한다는 것을 유념할 필요가 있다. 그리고 부정적인 방식보다 긍정적으로 이야기해주는 지시를 더 따를 경향이 높다. 예를 들어 아동이 흙이 묻은 신발로 카펫 위를 걸어 다녔을 때 "흙 묻은 신으로 카펫 위를 걷지 말거라!"라고 말하면 아동은 다음에도 같은 행동을 할 가능성이 많다. 같은 경우라도 "카펫위에 오기 전에 흙 묻은 신발을 벗으면 정말 좋을거야"라고 이야기하면 아동이 지시를 따를 확률이 더 높아진다.

만약 아동이 어떤 지적에 주의를 기울이지 않으면 얼굴을 마주보게 하는 것도 필요하다. 눈을 마주치고 확고한 어조로 이야기 할 필요가 있다. 하지만 소리치는 것은 삼가야 한다. 한도를 벗어났을 경우에는 아래에서 설명할 '타임아웃'이나 '반응대가(Response Cost)' 방법을 활용할 수 있을 것이다.

타임아웃

타임아웃은 싸움이나 무례를 범했을 경우, 또는 파괴적이거나 폭력적인 행동을 한 경우처럼 심각한 행동문제가 있었을 때 드물게 사용해야만 한다. 타임아웃은 아동을 안정시킬 수 있는 다른 방으로 보내는 것이다. 가정 내에서는 안정을 취할 수 있는 안전한 방을 정해두는 것이 좋다. 날카로운 물건이나 도구가 있는 주방이나 창고 같은 곳을 사용해서는 안 된다. 아동의 방을 타임아웃 장

소로 사용해도 좋다.

　어떤 부모님들은 아동의 방은 아동이 방에 있는 장난감을 가지고 놀 수 있기 때문에 타임아웃 장소로 부적합하다고 하지만 타임아웃은 말 그대로 부모의 관심에서 떠나있는 시간이다. 즉 부모에게서 떨어져 있는 시간을 말한다. 아동에게 타임아웃 시간 동안 부모가 말하거나 아동의 말을 들어주지 않는 것을 포함한다. 따라서 타임아웃을 벌로 생각해서는 안 된다. 아동이 진정할 수 있는 긍정적인 방식으로 생각해야 한다. 아동이 극심하게 폭력적이지 않는 한 타임아웃 시간 동안에는 아동을 못 본 척하는 것이 중요하다.

　Siegel(2012)의 부모 양육전략에 대한 최근 연구에 의하면 아동의 정서적 안정을 중요시하고 아동 스스로 자신의 감정과 생각을 설명하고 문제를 해결할 수 있도록 도와주는 것이 매우 중요하다고 한다.

반응대가

　반응대가(Response Cost)는 바람직하지 못한 특정 행동을 했을 때 그 조건부로 아동이 누리고 있던 정적강화를 잠시 박탈하는 것을 말한다. 많은 부모님들이 아동이 반응대가에 크게 변화되지 않는다고 하지만 대부분의 아동은 인정하지 않더라도 자신들이 누리던 것을 빼앗기는 것을 싫어한다. 아동이 부적절한 행동을 할 때마다 반응대가 방법을 쓴다면 아동을 끊임없이 벌주는 것 같은 생각이 들 것이다. 따라서 바람직한 행동을 했을 때 긍정적인 칭찬을 많이 하는 것으로 반응대가 같은 통제방식을 상쇄시킬 필요가 있다. 또한 양부모가 다 있는 가정이라면 통일된 행동관리방식을 사용하는 것이 중요하다.

이 장을 나가면서

가능하다면 부모 자신이 이성을 잃지 않고 진정 상태를 유지하도록 해야만 한다. 부모는 아동의 롤모델임을 잊지 말아야 한다. 일이 계속 쌓이고 휴식을 취할 수 없으며 피곤하고 스트레스로 지쳤을 때 우리는 신경질적으로 변하기 쉽다. 따라서 부모님들도 스스로를 잘 돌보고 건강에 신경을 써야 한다. 그래야만 아동을 대할 때도 최선을 다할 수 있다.

Chapter 19

자녀의 자존감 향상시키기

'자존감(self-esteem)'은 우리가 우리 스스로에 대해 어떻게 느끼고 있는가를 설명하는 용어로 사용된다. 높은 자존감을 가진 사람들은 일반적으로 대부분 스스로에 대해 좋은 감정을 가진다. 이들은 보통 자신감이 높은 편이다. 낮은 자존감을 가진 사람들은 스스로에 대해 불확실하고 부정적인 경우가 많다. 다른 사람들만큼 똑똑하다거나 매력적이라고 생각하지 않는 가능성이 높다고 알려져 있다. 그리고 사회성에 있어서도 다른 사람들이 자신보다 더 낫다고 느끼는 경우가 많아 사회적 행사를 포함한 어떤 활동을 할 때 참여하기를 주저하거나 참여하지 않으려하는 경향이 있다고도 한다.

한 개인의 자존감 발달은 보통 아동기에 시작되며 많은 세월을 거쳐 정립된다. 어떤 사람들은 유전적으로 낮은 자아존중감을 형성하는 경향을 보이기도 한다고 하는데, 유전적으로 질병적 우울증의 가족력이 있는 경우로 알려져 있다. 대부분의 경우, 아동이 스스로 가치가 있다고 느끼지 않는다면 그 원인은 보통 부모나 가족구성원, 다른 친구들, 그리고 경우에 따라 선생님들에게서 유래하는 경우가 많다. 부모, 가족구성원, 친구, 그리고 선생님들은 아동이 보호받고 인정받기 위해 따르는 사람들이므로 아동이 스스로를 바라보는 관점을 형성시키는데 중요한 사람들임을 유념할 필요가 있다.

투렛 증후군과 자존감

자존감을 예측하는 가장 강한 예측변수는 가족이 소통하는 방법과 관련이 있다. 투렛 증후군이 있는 아동은 가족 기능에 있어 문제를 겪었을 가능성도 있다. 소리를 내거나 가만히 있지 못하는 행동에 대해 부모님이나 형제 또는 다른 가족구성원들에게 지속적으로 야단이나 비난을 받았을 수도 있다. 만약 아동이 오랜 시간 동안 '버릇없다'는 이야기를 들어왔다면 스스로 정말 자신이 그렇다고 믿기 시작할 수도 있다.

큰 소리의 음성 틱이나 고통스러운 움직임이 심한 운동성 행동 틱 증세를 보이는 투렛 증후군이 심한 아동들도 그들을 지지하고 응원하는 동년배 그룹이나 부모님, 그리고 선생님들이 있는 한 여전히 스스로에 대해 자신감을 가질 수 있다. 지지와 지원을 잘 받고 있는 아동의 예후와 전망은 좋을 수밖에 없는데 그 이유는 아동이 스스로 자신이 누구인지를 받아들이고 그 자신의 능력에 만족하기 때문이다. 이런 아동은 스스로의 약점뿐 아니라 장점을 인식하고 있을 것이다. 이는 아동이 갑자기 내는 큰 소리가 그의 일부분일 뿐이며 스스로 통제하지 못하는 것임을 이해하고 받아들여주는 가족과 친구들의 태도에 의해 많은 영향을 받는 것이다.

저자들은 우리 치료센터에서 틱이 심하기는 하지만 매우 긍정적인 많은 아동들을 보아왔다. 이는 의심할 여지없이 아동을 긍정적으로 만드는 부모님의 긍정적인 태도와 지원 덕분이다. 다음 장에서 논의될 한 개인의 자존감에 영향을 미치는 요소들은 매우 다양하다. [그림 19-1]의 리스트는 투렛 증후군이 있는 아동그룹에 의해 직접 편집된 내용이다.

무엇이 자아존중감을 키우는가

- 성공(success)
- 운동(exercise)
- 칭찬(Praise)
- 잠(sleep)
- 노력(effort)
- 작은 매일의 일상(small everyday things)
- 책임감(responsibilities)
- 시도(trying)
- 응원(encouragement)
- 진정한 관심 및 흥미(give your child attention & genuine interest)
- 학습능력(ability to learn)
- 함께 보내는 귀중한 시간(quality time)
- 외모(appearence)

[그림 19-1] 자아존중감 키우기

자아존중감 향상시키기

칭찬

아동은 부모님이 자신을 사랑하고 자신의 능력에 상관없이 믿어준다는 것을 알 필요가 있다. 모든 아동은 자신들의 부모님을 즐겁게 하고 싶어 하고 긍정적인 반응을 얻기를 원한다. 이런 것들이 아동을 안정적이고 자신감 있게 만든다. 아동이 성장 발달하면서 아동은 부모님에게 어떤 형식으로든지 피드백을 받기를 바란다. 이런 경향은 어른이 되어서도 지속된다. 여기서 중요한 메시지는 바로 할 수 있을 때마다 칭찬을 해주라는 것이다. 단 진정성 있게, 그리고 한계도 분명히 정해두는 것이 중요하다.

지지와 응원

아동이 어떤 것을 시도해보게 만들기 위해서는 어떤 일이 일어나든지 부모님이 자신을 지지해줄 것이라는 것을 느끼게 해줄 필요가 있다. 부모는 아동이 어떤 일을 성취했을 때 많은 칭찬을 해주어야 한다. 하지만 잘했을 때 칭찬만큼 중요한 것은 아동이 어떤 일을 시도했을 때 결과가 좋지 않더라도 부모가 아동에게 실망하지 않는다는 것을 아동에게 알려줄 필요가 있다. "걱정하지마, 넌 최선을 다했어" 또는 "시도해보다니 정말 잘했어, 네가 자랑스럽구나!"와 같은 말과 함께 응원하는 것이 좋다. 아동이 스스로를 믿을 수 있도록 아동의 아이디어와 능력을 부모가 믿어주고 신념을 가져야만 한다.

집과 학교에서의 책임

학교 역시 자아존중감을 기르는데 도움을 줄 수 있다. 연필을 깎고 교실에서 읽을 책을 선택하는 것과 같이 간단한 일에서부터 시작된다. 학교에서 해야 할 과업을 가지는 것도 투렛 증후군을 가진 아동이 자신이 기여할 수 있다는데 대해 긍정적인 감정을 가지게 하므로 중요하다.

경험을 많이 하게 하기

아동에게 박물관이나 영화관, 도서관 같이 많은 것들을 경험할 수 있는 기회를 제공해야 한다. 취미를 가지게 하고 여가활동을 장려하는 것이 좋다. 애완동물을 돌보거나 친구들과 잘 어울리는 등 아동의 강점을 칭찬해주는 것은 자아존중감 형성에 매우 중요하며 아동이 스스로에 대해 긍정적일 수 있게 만든다. 이때 부모는 아동의 성취를 칭찬하기보다 성격적 특성을 칭찬하는 것이 필요하다.

실망에 대처하도록 가르치기

세상 일이 항상 우리가 원하는 대로 돌아가지는 않는 법이다. 따라서 실망에 대처하는 방법을 배우는 것은 누구에게나 중요한 일이다. 만약 어떤 일이 잘못되었을 때 아동이 어떤 감정을 느낄지 알게 함으로써 대처할 수 있도록 도울 필요가 있다. 그리고 시도하고 노력한 것에 대해 아동을 칭찬해야 한다. 우리가 어렸을 때 비슷한 상황에서 어떻게 실망감을 느꼈는지 아동에게 말해주고, 그럼에도 불구하고 결과적으로는 좋은 일도 있었다고 격려해주는 것이 도움이 된다.

규칙적인 친구와의 놀이시간 계획하기

그리 길지는 않게 적절히 짜여진 친구와의 놀이시간을 가지는 것이 아동의 자존감을 높이고 우정을 깊게 하며 이후 사회적 교류에 필요할 사회적 기술을 가르치는데 효과적이라는 연구결과가 있다. 프란켈(Frankel, 2020)은 그의 저서 *Freinds Forever: How Parents Can Help Their Kids Make and Keep Good Friends*에서 친구와의 놀이시간을 계획하는 데 있어 도움이 되는 가이드를 제공한다. 만약 아동이 다른 아동과 소통하는 데 힘들어하면 이 책에서 소개하는 기술들을 먼저 역할극을 통해 실행해보는 것이 도움이 될 수 있다. 친구와의 놀이시간에는 아동들끼리의 시간에서 비롯되는 많은 사회적 상호작용을 확실히 하는 것이 중요하다. 이때 컴퓨터 게임에 집중하는 것은 피하는 것이 좋다.

아동의 말을 경청하기

심지어 아동이 다투거나 불평할 때에도 부모는 아동의 말을 경청하고 있다는 것을 아동으로 하여금 알게 해야 한다. 아동이 한 말을 분명히 하기 위해 다시 반복해 말해주는 것도 경청하고 있다는 것을 알도록 해주는 좋은 방법이다. 이 경우 혹시 모를 오해를 피하는 방법이기도 하다. 아동이 잘못했을 때 비판적이지 않은 질문을 사용하는 것도 중요하다. 예를 들어 '왜 그런 일을 했니?' 대신 '어떤 일이 널 그렇게 행동하게 만들었는지 궁금하구나'라고 하는 것이 좋다. '실망 했겠구나' 또는 '네가 화날 만도 하구나'라고 말하면서 동정적이되 아동의 감정을 반영하는 것도 좋다. 중요한 것은 아동의 말을 듣고 있다는 것을 보여주는 것이다.

충분히 사랑해주기

자녀를 안아주거나 사랑한다는 것을 느끼게 해줌으로써 부모가 아동을 사랑한다는 것을 보여주어야 한다. 아동에게 함께 있는 것이 좋다는 것을 직접적으로 말해줄 필요가 있다. 가족 내에서 부모가 어떻게 사랑과 애정을 표현하는지 보여줌으로써 아동이 배울 필요도 있다. 이를 통해 아동도 다른 사람에게 애정을 표현하고 장기적으로는 스스로에 대한 자존감을 증대시키게 된다.

이 글을 마치면서

투렛 증후군을 가진 아동과 계속 생활하며 사랑하는 것은 쉬운 일은 아니다. 특별한 기술, 인내, 그리고 이 힘들고도 새로운 길을 항해해 나가는데 무엇보다 필요한 지식이 필요할 것이다. 아동이 틱을 함께 살아가야 하는 '친구들'의 개념으로 생각한다면 도움이 될 수도 있다. '친구들'은 왔다가 가고 때로는 즐겁지만 귀찮기도 할 수 있다. 하지만 친구들에 대해 아는 것은 중요하고 잘 이해해야만 한다. 만약 독자 여러분의 자녀가 투렛 증후군 진단을 받았다면 적어도 그들이 초기 성인기에 도달할 때까지는 몇 년간 틱이 함께 할 수 있을 것이다. 그 기간 동안 틱은 어떤 의미에서는 '친구'처럼 존재할 것이다. 많은 아동들이 틱으로 힘든 상황들을 관리해가면서 회복력을 키워가는 경우가 많다. 틱과 함께 살아가는 아동들은 틱이 자신들을 좀더 민감하고 신뢰할 수 있으며 '감각적이고 잘 맞춰진 사람'으로 만들었다고 이야기한다. 중요한 것은 투렛 증후군을 가졌다는 것은 단지 아동의 한 단면일 뿐이라는 것이다. 아동의 도전을 지원하고 지지하는 것에 더하여 아동의 강점과 재능에 집중함으로써 아동이 다른 평범한 아동들처럼 가족과의 생활과 우정, 취미 그리고 학교생활을 즐길 수 있도록 할 수 있다는 것을 잊지 말아야 한다.

참고문헌

American Psychiatric Association (2013) Diagnostic and Statistical Manual of Mental Disorders (5th edn). Washington, DC: American Psychiatric Association.

Baron—Cohen, S., Mortimore, C., Moriarty, J., Izaquirre, J. and Robertson, M. (1999) 'The prevalence of Gille de la Tourette's syndrome in children and adolescents with autism.' Journal of Child Psychology and Psychiatry 40, 2, 213—218.

Blount, T.H., Lockhart, A.L.T., Garcia, R.V., Raj, J.J. and Peterson, A.L. (2014) 'Intensive outpatient comprehensive behavioral intervention for tics: A case series.' World Journal of Clinical Cases 2, 10, 569—577.

Boaler, J. (2010) The Elephant in the Classroom: Helping Children Learn and Love Maths. London: Souvenir Press Ltd.

Bodeck, S., Lappe, C. and Evers, S. (2015) 'Ticreducing effects of music in patients with Tourette's syndrome: Self—reported and objective analysis.' Journal of the Neurological Sciences 352, 1, 41—47.

Braaten, E. and Willoughby, B. (2014) Bright Kids Who Can't Keep Up: Help Your Child Overcome Slow Processing Speed and Succeed in a Fast—Paced World. New York: Guilford Press.

Burd, L., Freeman, R.D., Klug, M.G. and Kerbeshian, J. (2005) 'Tourette syndrome and learning disabilities.' BMC Pediatrics 5, 34—40.

Burd, L., Li, Q., Kerbeshian, J., Klug, M.G. and Freeman, R.D. (2009) 'Tourette syndrome and co—morbid pervasive developmenatal disorders.' Journal of Child Neurology 24, 170—175.

Canitano, R. and Vivanti, G. (2007) 'Tics and Tourette syndrome in autism spectrum disorders.' Autism 11, 19—28.

Carlo, J., Piedad, P. and Cavanna, A.E. (2016) 'Depression in Tourette syndrome: A controlled and comparison study.' Journal of Neurological Sciences 364, 128—132.

Cath, D.C., Hedderly, T., Ludolph, A., Stern, J.S. et al. (ESSTS Guidelines Group) (2011) 'European clinical guidelines for Tourette Syndrome and other tic disorders. Part I: Assessment.' European Child and Adolescent Psychiatry 20, 4, 155–171.

Cavanna, A.E. and Rickards, H. (2013) 'The psychopathological spectrum of Gilles de la Tourette syndrome.' Neuroscience & Biobehavioral Reviews 37, 1008–1015.

Chang, S., Himle, M., Woods, D., Tucker, B. and Piacentini, J. (2009) 'Psychometric properties of a brief parentreport instrument for assessing tic severity in children with chronic tic disorders.' Child & Family Behavior Therapy 31, 3, 181–191.

Christie, D. and Jassi, A. (2002) 'Oh no he doesn't!,' 'Oh yes he does!:' Comparing parent and teacher perceptions in Tourette's syndrome. Clinical Child Psychology and Psychiatry 7, 553–558.

Crawford, F.C., Ait–Ghezala, G., Morris, M., Sutcliffe, M.J. et al. (2003) 'Translocation breakpoint in two unrelated Tourette syndrome cases, within a region previously linked to the disorder.' Human Genetics 113, 154–161.

Dale, R. and Heyman, I. (2002) 'Poststreptococcal autoimmune psychiatric and movement disorders in children.' British Journal of Psychiatry 181, 3, 188–190.

Derisley, J., Heyman, I., Robinson, S. and Turner, C. (2008) Breaking Free from OCD: A CBT Guide for Young People and Their Families. London: Jessica Kingsley Publishers.

Diniz, J.B., Rosario–Campos, M.C., Hounie, A.G, Curi, M. et al. (2006) 'Chronic tics and Tourette syndrome in patients with obsessive compulsive disorder.' Journal of Psychiatric Research 40, 487–493.

Evans, D.W., Leckman, J.F., Carter, A., Reznick, J.S. et al. (1997) 'Ritual, habit, and perfectionism: The prevalence and development of compulsive–like behavior in normal young children.' Child Development 68, 58–68.

Felling, R.J. and Singer, H.S. (2011) 'Neurobiology of Tourette syndrome:

Current status and need for further investigation.' Journal of Neuroscience 31, 35, 12387−12395.

Frankel, F. (2010) Friends Forever: How Parents Can Help Their Kids Make and Keep Good Friends. San Francisco, CA: Jossey−Bass.

Freeman, R.D., Fast, D., Burd, L., Kerbeshian, J., Robertson, M.M. and Sandor, P. (2000) 'An international perspective on Tourette syndrome: Selected findings from 3,500 individuals in 22 countries.' Developmental Medicine & Child Neurology 42, 436−447.

Gadow, K.D., Sverd, J., Sprafkin, J., Nolan, E.E. and Grossman, S. (1999) 'Long−term methylphenidate therapy in children with comorbid attention−deficit hyperactivity disorder and chronic multiple tic disorder.' Archives of General Psychiatry 56, 330−336.

Geller, D.A., Biederman, J., Stewart, S.E., Mullin, B. et al. (2003) 'Which SSRI? A meta−analysis of pharmacotherapy trials in pediatric obsessive−compulsive disorder.' American Journal of Psychiatry 160, 1919−1928.

Giedd, J.N., Rapoport, J.L., Garvey, M.A., Perlmutter, S. and Swedo, S.E. (2000) 'MRI assessment of children with obsessive−compulsive disorder or tics associated with streptococcal infection.' American Journal of Psychiatry 157, 2, 281−283.

Harris, K., Graham, S., Mason, L. and Friedlander, B. (2010) Powerful Writing Strategies for All Students. Reciprocal Teaching (J. at Work: Powerful Strategies and Lessons for Improving Reading Comprehension International Literacy Association (2nd rev. edn). London: EDS Publications Ltd.

Hassler, R. and Dieckmann, G. (1973) 'Relief of OCD, Phobias and Tics by Stereotactic Coagulations of the Rostral Intralaminar and Medial− Thalamic Nuclei.' In L.V. Laitinen and K.E. Livingston (eds) Surgical Approaches in Psychiatry. Proceedings of the Third International Congress of Psychosurgery, 206−212. Cambridge: Garden City Press.

Heyman, I. (1997) 'Children with obsessive compulsive disorder.' British Medical Journal 315, 444.

Heyman, I., Matrix—Cols, D. and Fineberg, N.A. (2006) 'Obsessivecompulsive disorder.' British Medical Journal 333, 424—429.

Himle, M.B., Freitag, M., Walther, M., Franklin, S.A., Ely, L. and Woods, D.W. (2012) 'A randomized pilot trial comparing videoconference versus face—to—face delivery of behavior therapy for childhood tic disorders.' Behaviour Research and Therapy 50, 9, 565—570.

Ho, C.S., Chen, H.J., Chiu, N.C., Shen, E.Y. and Lue, H.C. (2009) 'Short term sulpiride treatment of children and adolescents with Tourette syndrome or chronic tic disorder.' Journal of the Formosan Medical Association 108, 788—793.

Hounie, A.G., do Rosario—Campos, M.C., Diniz, J.B., Shavitt, R.G. et al. (2006) 'Obsessive—compulsive disorder in Tourette syndrome.' Advances in Neurology 99, 22—38.

Huckeba, W., Chapieski, L., Hiscock, M. and Glaze, D. (2008) 'Arithmetic performance in children with Tourette syndrome: Relative contribution of cognitive and attentional factors.' Journal of Clinical and Experimental Neuropsychology 30, 4, 410—420.

Hudziak, J.J., van Beijsterveldt, C.E.M., Althoff, R.R., Stanger, C. et al. (2004) 'Genetic and environmental contributions to the child behaviour checklist obsessive compulsive scale.' Archives of General Psychiatry 61, 608—616.

Hyde, T.M., Aaronson, B.A., Randolph, C., Rickler, K.C. and Weinberger, D.R. (1992) 'Relationship of birth weight to the phenotypic expression of Gilles de la Tourette's syndrome in monozygotic twins.' Neurology 42, 652—658.

Jackson, G.M., Mueller, S.C., Hambleton, K. and Hollis, C.P. (2007) 'Enhanced cognitive control in Tourette Syndrome during task uncertainty.' Experimental Brain Research 182, 3, 357—364.

Jackson, G.M., Draper, A., Dyke, K., Pépés, S.E. and Jackson, S.R. (2015) 'Inhibition, disinhibition, and the control of action in Tourette syndrome.' Trends in Cognitive Science 19, 11, 655—665.

Jensen, C.M. and Steinhausen, H.C. (2015) 'Comorbid mental disorders in children and adolescents with attention–deficit/hyperactivity disorder in a large nationwide study.' ADHD Attention Deficit Hyperactivity Disorder 7, 1, 27–38.

Jones, K., Daley, D., Hutchings, J., Bywater, T. and Eames, C. (2008) 'Efficacy of the Incredible Years Programme as an early inter–vention for children with conduct problems and ADHD: Long–term follow–up.' Child: Care, Health and Development 34, 380–390.

Jonnal, A.H., Gardner, C.O., Prescott, C.A. and Kendler, K.S. (2000) 'Obsessive and compulsive symptoms in a general population sample of female twins.' American Journal of Medical Genetics (Neuropsychiatic Genetics) 96, 791–796.

Kadesjo, B. and Gillberg, C. (2000) 'Tourette's disorder: Epidemi–ology and co–morbidity in primary school children.' Journal of the American Academy of Child and Adolescent Psychiatry 39, 548–555.

Kenney, C.J., Hunter, C.B., Mejia, N.I. and Jankovic, J. (2007) 'Tetrabenazine in the treatment of Tourette syndrome.' Journal of Pediatric Neurology 5, 9–13.

Khalifa, N. and von Knorring, A.L. (2005) 'Tourette syndrome and other tic disorders in a total population of children: Clinical assessment and background.' Acta Paediatrica 94, 11, 1608–1614.

Kostanecka–Endress, T., Banaschewski, T., Kinkelbur, J., Wullner, I. et al. (2003). 'Disturbed sleep in children with Tourette syndrome: A polysomnographic study.' Journal of Psychosomatic Research 55, 23–29.

Kroisel, P.M., Petek, E., Emberger, W., Windpassinger, W., Wladika, W. and Wagner, K. (2001) 'Candidate region for Gilled e la Tourette syndrome at 7q31.' American Journal of Medical Genetics 101, 259–261.

Kurlan, R., Lichter, D. and Hewitt, D. (1989) 'Sensory tics in Tourette's syndrome.' Neurology 39, 5, 731–734.

Leckman, J.F. (2002) 'Tourette's syndrome.' Lancet 360, 1577–1586.

Leckman, J.F., Hardin, M.T., Riddle, M.A., Stevenson, J., Ort, S.I. and

Cohen, D.J. (1991) 'Clonidine treatment of Gilles de la Tourette's syndrome.' Archives of General Psychiatry 48, 324−328.

Leckman, J.F., Grice, D.E., Boardman, J., Zhang, H. et al. (1997) 'Symptoms of obsessive compulsive disorder.' American Journal of Psychiatry 154, 7, 911−917.

Leckman, J.F., Riddle, M.A., Hardin, M.T., Ort, S.I. et al. (1989) 'The Yale Global Tic Severity Scale: Initial testing of a clinician−rated scale of tic severity.' Journal of the American Academy of Child & Adolescent Psychiatry 28, 4, 566−573.

Lewin, A.B., Storch, E.A., Conelea, C.A., Woods, D.W. et al. (2011) 'The roles of anxiety and depression in connecting tic severity and functional impairment.' Journal of Anxiety Disorders 25, 164−168.

Liu, W.Y., Wang, H.S., Hsu, L.Y., Wong, A.M., Chen, C.L. and Lien, H.Y. (2011) 'Health−related physical fitness management for a child with Tourette syndrome.' Chang Gung Medical Journal 34, 6 (Suppl.), 4−9.

Maciunas, R.J., Maddux, B.N., Riley, D.E., Whitney, C.M. et al. (2007) 'Prospective randomized double−blind trial of bilateral thalamic deep brain stimulation in adults with Tourette syndrome.' Journal of Neurosurgery 107, 1004−1014.

Mathews, C.A., Waller, J., Glidden, D., Lowe, T.L. et al. (2004) 'Self injurious behaviour in Tourette syndrome: Correlates with impulsivity and impulse control.' Journal of Neurology, Neurosurgery and Psychiatry 75, 1149−1155.

Matsuda, N., Kono, T., Nonaka, M., Fujio, M. and Kano, Y. (2016) 'Self−initiated coping with Tourette's syndrome: Effect of tic suppression on QOL.' Brain and Development 38, 2, 233−241.

McGuire J.F., Arnold, E., Park, J.M., Nadeau, J.M. et al. (2015) 'Living with tics: Reduced impairment and improved quality of life for youth with chronic tic disorders.' Psychiatry Research 225, 571−579.

McKinlay, D. (2015) Nix Your Tics! Eliminating Unwanted Tic Symptoms: A How−to Guide for Young People (2nd edn). Ontario: Life's A

Twitch! Publishing.

Micali, N., Heyman, I., Peter, M., Holton, K. et al. (2010) 'Long–term outcomes of obsessive–compulsive disorder: Follow–up of 142 children and adolescents.' British Journal of Psychiatry 197, 2, 128–134.

Mink, J.W., Walkup, J., Frey, K.A., Como, P. et al. (2006) 'Patient selection and assessment recommendations for deep brain stimulation in Tourette syndrome.' Movement Disorders 21, 11, 1831–1838.

Moody, S. (2004) Dyslexia: A Teenager's Guide. London: Random House.

Mukaddes, N.M. and Abali, O. (2003) 'Quetiapine treatment of children and adolescents with Tourette's disorder.' Journal of Child and Adolescent Psychopharmacology 13, 295–299.

Müller–Vahl, K.R., Buddensiek, N., Geomelas, M. and Emrich, M. (2008) 'The influence of different food and drink on tics in Tourette syndrome,' Acta Paediatrica 97, 4, 442–446.

Müller–Vahl, K.R., Cath, D.C., Cavanna, A.E., Dehning, S. et al. (ESSTS Guidelines Group) (2011) 'European clinical guidelines for Tourette syndrome and other tic disorders. Part IV: Deep brain stimulation.' European Child and Adolescent Psychiatry 20, 4, 209–217.

National Institute for Health and Clinical Excellence (NICE) (2005) Obsessive–Compulsive Disorder and Body Dysmorphic Disorder: Treatment (NICE Guidelines CG31). Available at www.nice.org.uk/Guidance/CG31, accessed on 29 May 2016.

National Institute for Health and Clinical Excellence (NICE) (2016) Attention Deficit Hyperactivity Disorder: Diagnosis and Management (NICE Guidelines CG72). Available at www.nice.org.uk/guidance/cg72, accessed on 29 May 2016.

Nixon, E., Glazebrook, C., Hollis, C. and Jackson, G.M. (2014) 'Reduced tic symptomatology in Tourette syndrome after an acutebout of exercise an observational study.' Behavior Modification 38, 2, 235–263.

Nussey, C., Pistrang, N. and Murphy, T. (2013) 'How does psychoeducation help? A review of the effects of providing information about Tourette syndrome and attention—deficit/hyperactivity disorder.' Child: Care, Health and Development 39, 617—627.

Nussey, C., Pistrang, N. and Murphy, T. (2014) 'Does it help to talk about tics? An evaluation of a classroom presentation about Tourette syndrome.' Child and Adolescent Mental Health 19, 1, 31—38.

Packer, L.E. and Pruitt, S.K. (2010) Challenging Kids, Challenged Teachers: Teaching Students with Tourette's, Bipolar Disorder, Executive Dysfunction, OCD, ADHD, and More. Bethesda, MD: Woodbine House.

Packer—Hopke, L. and Motta, R.W. (2014) 'A preliminary investigation of the effects of aerobic exercise on childhood Tourette's syndrome and OCD.' Behavior Therapist 37, 7, 188—192.

Pappert, E.J., Goetz, C.G., Louis, E.D., Blasucci, R.N. and Leurgans, S. (2003) 'Objective assessments of longitudinal outcome in Gilles de la Tourette's syndrome.' Neurology 61, 7, 936—940.

Pediatric OCD Treatment Study (POTS) Team (2004) 'Cognitive behavior therapy, sertraline, and their combination for children and adolescents with obsessive—compulsive disorder: The Pediatric OCD Treatment Study (POTS) randomized controlled trial.' JAMA 292, 16, 1969—1976.

Peterson, B.S., Leckman, J.F., Scahill, L., Naftolin, F. et al. (1992) 'Hypothesis: Steroid hormones and sexual dimorphisms modulate symptom expression in Tourette's syndrome.' Psychoneuroendolocrinology 17, 553—563.

Peterson, B.S., Staib, L., Scahill, L., Zhang, H. et al. (2001) 'Regional brain and ventricular volumes in Tourette syndrome.' Archives of General Psychiatry 58, 427—440.

Peterson, B.S., Skudlarski, P., Anderseon, A.W., Zhang, H. et al. (1998) 'A functional magnetic resonance imaging study of tic suppression in Tourette syndrome.' Archives of General Psychiatry 55, 326—333.

Plessen, K.J., Grüner, R., Lundervold, A., Hirsch, J.G. et al. (2006)

'Reduced white matter connectivity in the corpus callosum of children with Tourette syndrome.' Journal of Child Psychology and Psychiatry 47, 1013−1022.

Porta, M., Maggioni, G., Ottaviani, F. and Schindler, A. (2004) 'Treatment of phonic tics in patients with Tourette's syndrome using botulinum toxin type A.' Neurological Sciences 24, 420−423.

Price, R.A., Kidd, K.K., Cohen, D.J., Pauls, D.L. and Leckman, J.F.(1985) 'A twin study of Tourette syndrome.' Archives of General Psychiatry 42, 815−820.

Pringsheim, T., Doja, A., Gorman, D., McKinlay, D. et al. (2012) 'Canadian guidelines for the evidence−based treatment of ticdisorders: Pharmacotherapy.' Canadian Journal of Psychiatry 57, 3, 133−143.

Ricketts, E.J., Gilbert, D.L., Zinner, S.H., Mink, J.W. et al. (2015a) 'Pilot testing behavior therapy for chronic tic disorders in neurology and developmental pediatrics clinics.' Journal of Child Neurology 31, 4, 444−450.

Ricketts, E.J., Goetz, A.R., Capriotti, M.R., Bauer, C.C. et al. (2015b) 'A randomized waitlist−controlled pilot trial of voice over internet protocol−delivered behavior therapy for youth with chronictic disorders.' Journal of Telemedicine and Telecare 22, 3, 153−162.

Robertson, M.M. (2006) 'Mood disorders and Gilles de la Tourette's syndrome: An update on prevalence, etiology, comorbidity, clinical associations, and implications.' Journal of Psychosometric Research 61, 349−358.

Robertson, M.M. (2015) 'A personal 35 year perspective on Gillesde la Tourette syndrome: Prevalence, phenomenology, comorbidities, and co−existing psychopathologies.' Lancet Psychiatry 2, 1, 68−87.

Robertson, M.M., Schnieden, V. and Lees, A.J. (1990) 'Management of Gilles de la Tourette syndrome using sulpiride.' Clinical Neuropharmacology 13, 229−235.

Roessner, V., Plessen, K.J., Rothenberger, A., Ludolph, A.G. et al. (2011) 'European clinical guidelines for Tourette syndrome and other tic disorders. Part II: Pharmacological treatment.' European Child and Adolescent Psychiatry 20, 173−196.

Rosenberg, D.R. and Hanna, G.L. (2000) 'Genetic and Imaging strategies in obsessive−compulsive disorder: Potential implications for treatment development.' Biological Psychiatry 48, 1210−1222.

Rowe, J., Yuen, H.K. and Dure, L.S. (2013) 'Comprehensive behavioral intervention to improve occupational performance in children with Tourette disorder.' American Journal of Occupational Therapy 67, 2, 194−200.

Sacconai, L., Fabiana, V., Manuela, B. and Giambattista, R. (2005) 'Tourette sundrome and chronic tics in a sample of children and adolescents.' Brain and Development 27, 349−352.

Sallee, F.R., Nesbitt, L., Jackson, C., Sine, L. and Sethuraman, G.(1997) 'Relative efficacy of haloperidol and pimozide in children and adolescents with Tourette's disorder.' American Journal of Psychiatry 154, 1057−1062.

Sanders, M.R., Mazzucchelli, T.G. and Studman, L.J. (2004) 'Stepping Stones Triple P: The theoretical basis and development of an evidence−based positive parenting program for families with a child who has a disability.' Journal of Intellectual and Developmental Disability 29, 3, 265−283.

Scahill, L., Chappell, P.B., Kim, Y.S., Schultz, R.T. et al. (2001) 'A placebo−controlled study of guanfacine in the treatment of children with tic disorders and attention deficit hyperactivity disorder.' American Journal of Psychiatry 158, 1067−1074.

Scahill, L., Leckman, J.F., Schultz, R.T., Katsovich, L. and Peterson, B.S. (2003) 'A placebo−controlled trial of risperidone in Tourette syndrome.' Neurology 60, 7, 1130−1135.

Scharf, J.M., Miller, L.L., Mathews, C.A. and Ben−Shlomo, Y. (2012) 'Prevalence of Tourette syndrome and chronic tics in the population−based Avon longitudinal study of parents and children cohort.' Journal of the American Academy of Child and Adolescent

Psychiatry 51, 2, 192−201.

Servello, D., Porta, M., Sassi, M., Brambilla, A. and Robertson, M.M. (2008). 'Deep brain stimulation in 18 patients with severe Gilles de la Tourette syndrome refractory to treatment: The surgery and stimulation.' Journal of Neurology Neurosurgery and Psychiatry 79, 2, 136−142.

Shapiro, E., Shapiro, A.K., Fulop, G., Hubbard, M. et al. (1989) 'Controlled study of haloperidol, pimozide and placebo for the treatment of Gilles de la Tourette's syndrome.' Archives of General Psychiatry 46, 8, 722−730.

Shaw, P., Greensted, D., Lench, J., Clare, L. et al. (2006) 'Intellectual ability and cortical development in children and adolescents.' Nature 440, 7084, 676−679.

Siegel, D.J. and Payne Bryson, T. (2012) The Whole−Brain Child: 12 Proven Strategies to Nurture Your Child's Developing Mind. London: Robinson.

Siegel, D.J. and Payne Bryson, T. (2015) No−Drama Discipline: The Whole−Brain Way to Calm the Chaos and Nurture Your Child's Developing Mind. London: Scribe Publications.

Silver, A.A., Shytle, R.D., Philipp, M.K. and Sanberg, P.R. (1996) 'Case study: Long term potentiation of neuroleptics with transdermal nicotine in Tourette's syndrome.' Journal of the American Academy of Child and Adolescent Psychiatry 35, 12, 1631−1636.

Simonic, I., Nyholt, D.R., Gericke, G.S., Gordon, D. et al. (2001) 'Further evidence for linkage of Gilles de la Tourette syndrome susceptibility loci on chromosomes in South African Afrikaners.' American Journal of Medical Genetics 105, 2, 163−167.

Singer, H.S., Gilbert, D.L., Wolf, D.S., Mink, J.W. and Kurlan, R. (2012) 'Moving from PANDAS to CANS.' Journal of Pediatrics 160, 5, 725−731.

Skoog, G. and Skoog, I. (1999) 'A 40−year follow−up of patients with obsessive−compulsive disorder.' Archives of General Psychiatry 56,

2, 121 − 127.

Specht, M.W., Woods, D.W., Piacentini, J., Scahill, L. et al. (2011) 'Clinical characteristics of children and adolescents with a primary tic disorder.' Journal of Developmental and Physical Disabilities 23, 1, 15 − 31.

Spencer, T.J., Biederman, J., Faraone, S., Mick, E. et al. (2001) 'Impact of tic disorders on ADHD outcome across the life cycle: Findings from a large group of adults with and without ADHD.' American Journal of Psychiatry 158, 4, 611 − 617.

Stewart, S.E., Geller, D.A., Jenike, M., Pauls, D. et al. (2004) 'Long − term outcome of pediatric obsessive compulsive disorder: A meta − analysis and qualitative review of the literature.' Acta Psychiatrica Scandinavica 110, 1, 4 − 13.

Storch, E.A., Milsom, V., Lack, C.W., Pence, S.L. Jr, et al. (2009) 'Sleep − related problems in youth with Tourette's syndrome and chronic tic disorder.' Child and Adolescent Mentel Health 14, 2, 97 − 103.

Sukhodolsky, D.G., Smith, S.D., McCartney, S.A., Karim, I. and Piasecka, J.B. (2016) 'Behavioral interventions for anger, irritability, and aggression in children and adolescents.' Journal of Child and Adolescent Psychopharmacology 26, 1, 58 − 64.

Swedo, S.E., Leckman, J.F. and Rose, N.R. (2012) 'From research sub − group to clinical syndrome: Modifying the PANDAS criteria to describe PANS.' Pediatrics & Therapeutics 12, 2, 2.

Swedo, S.E., Leonard, H.L., Garvey, M., Mittleman, D. et al. (1998) 'Pediatric autoimmune neuropsychiatric disorders associated with streptococcal infections: Clinical description of the first 50 cases.' American Journal of Psychiatry 155, 2, 265 − 271.

Thompson, M.J.J., Laver − Bradbury, C., Ayres, M., Poidevin, E. et al. (2009) 'A small − scale randomized controlled trial of the revised New Forest Parenting Programme for preschoolers with attention deficit hyperactivity disorder.' European Child and Adolescent

Psychiatry 18, 10, 605−616.

Tourette Syndrome Association International Consortium for Genetics (1999) 'A complete genome screen in sib−pairs affected with Gilles de la Tourette syndrome.' American Journal of Human Genetics 65, 1428−1436.

Tourette Syndrome Study Group (2002) 'Treatment of ADHD in children with tics: A randomized controlled trial.' Neurology 58, 527−536.

Vandewalle, V., van der Linden, C., Groenewegen, H.J. and Caemaert, J. (1999) 'Stereotactic treatment of Gilles de la Tourette syndrome by high frequency stimulation of thalamus.' Lancet 353, 9154, 724.

Vasconcelos, M.S., Sampaio, A.S., Hounie, A.G., Akkerman, F. et al. (2007) 'Prenatal, perinatal, and postnatal risk factors in obsessive−compulsive disorder.' Biological Psychiatry 61, 301−307.

Verkerk, A.J., Mathews, C.A., Joosse, M., Eussen, B.H., Heutink, P. and Oostra, B.A. (2003) 'CNTNAP2 is disrupted in a family with Gille de la Tourette syndrome and obsessive compulsive disorder.' Genomics 82, 1, 1−9.

Visser−Vandewalle, V., Ackermans, L., van der Linden, C., Temel, Y., Tijssen, M.A. et al. (2006) 'Deep brain stimulation in Gilles dela Tourette's syndrome.' Neurosurgery 58, 3, E590.

Visser−Vandewalle, V., Temel, Y., Boon, P., Vreeling, F. et al. (2003) 'Chronic bilateral thalamic stimulation: A new therapeutic approach in intractable Tourette syndrome. Report of three cases.' Journal of Neurosurgery 99, 6, 1094−1100.

Wechsler, D. (2014) Wechsler Intelligence Scale for Children−Fifth Edition. Bloomington, MN: Pearson.

Woods, D.W., Conelea, C.A. and Himle, M.B. (2010) 'Behavior therapy for Tourette's disorder: Utilization in a community sample and an emerging area of practice for psychologists.' Professional Psychology Research and Practice 41, 6, 518−527.

Woods, D.W. and Twohig, M.P. (2008) Trichotillomania: An ACT−enhanced Behavior Therapy Approach Therapist Guide (Treatments that Work). New York: Oxford University Press.

Worbe, Y., Mallet, L., Golmard, J.L., Béhar, C. et al. (2010) 'Repetitive behaviours in patients with Gilles de la Tourette syndrome: Tics, compulsions, or both?' PLOS One 5, 9, e12959.

Wright, A., Rickards, H. and Cavanna, A.E. (2012) 'Impulse−control disorders in Gilles de la Tourette syndrome.' Journal of Neuro−psychiatry and Clinical Neurosciences 24, 16−27.

Yates, R., Edwards, K., King, J., Luzon, O. et al. (2016) 'Habit reversal training and educational group treatments for children with tourette syndrome: A preliminary randomised controlled trial.' Behaviour Research and Therapy 80, 43−50.

Yoo, H.K., Kim, J.Y. and Kim, C.Y. (2006) 'A pilot study of aripiprazole in children and adolescents with Tourette's disorder.' Journal of Child and Adolescent Psychopharmacology 16, 505−506.

도움되는 자료

주의력결핍과잉행동장애(ADHD)

Gantos, J. (2015) The Key That Swallowed Joey Pigza. New York: Square Fish.

Horstmann, K. and Steer, J. (2009) HelpingKids and Teens with ADHD in School: A Workbook for Classroom Support and Managing Transitions. London: Jessica Kingsley Publishers.

Laver—Bradbury. C.J. (2010) Step by Step Help for Children with ADHD: A Self—Help Manual for Parents. London: Jessica Kingsley Publishers.

Rotz, R.D. and Wright, S. (2005) Fidget to Focus: Outwit Your Boredom. Sensory Strategies for Living with AD. Blooming—ton, IN: iUniverse Books.

Yarney, S. and Martin, C. (2013) Can I tell you about ADHD?: A Guide for Friends, Family and Professionals. London: Jes—sica Kingsley Publishers.

분노, 불안, 그리고 강박증(Anger, anxiety and OCD)

Biegel, G.M. (2009) Stress Reduction Work—book for Teens: Mindfulness Skills to Help You Deal with Stress (Teen Instant Help). Oakland, CA: New Harbinger.

Cartwright—Hatton, S. (2007) Coping with an Anxious or Depressed Child: A Guide for Parents and Carers. London: One—world Publications.

Creswell, C. and Willetts, L. (2013) Over—coming Your Child's Fears and Worries: A Self—help Guide Using Cognitive Behavioral Techniques. London: Robinson.

Derisley, J., Heyman, I., Robinson, S. and Turner, C. (2008) Breaking Free from OCD: A CBT Guide for Young People.

Ironside, V. (2012) The Huge Bag of Worries. London: Hachette.

Jassi, A. (2013) Can I tell you about OCD?: A Guide for Friends, Family and Professionals. London: Jessica Kingsley Publishers.

Pudney, W. and Whitehouse, É. (1996) A Volcano in My Tummy: Helping Children to Handle Anger. A Resource Book for Parents, Caregivers and Teachers. Gabriola, BC: New Society Publishers.

Wells, J. and Heyman, I. (2006) Touch and Go Joe: An Adolescent's Experiences of OCD. London: Jessica Kingsley Publishers.

자폐범주성장애: 우정, 사회적 기술(ASD: Friendships and Social Skills)

Attwood, T. (2006) The Complete Guide to Asperger's Syndrome. London: Jessica Kingsley Publishers.

Attwood, T. and Grandin, T. (2006) Asperger's and Girls: World－Renowned Experts Join Those with Asperger's Syndrome to Resolve Issues That Girls and Women Face Every Day! Arlington, TX: Future Horizons, Inc.

Chidekel, D. (2007) Parents in Charge: Setting Healthy, Loving Boundaries for You and Your Child. London: Little, Brown and Co.

Elder, J. and Thomas, M. (2005) Different Like Me: My Book of Autism Heroes. London: Jessica Kingsley Publishers.

Frankel, F. (2010) Friends Forever: How Parents Can Help Their Kids Make and Keep Good Friends. San Francisco, CA: Jossey－Bass.

Garcia Winner, M. and Crooke. P. (2011) Socially Curious and Curiously Social. Great Barrington, MA: North River Press.

Gray, C. (2010) The New Social Story Book. Arlington, TX: Future Horizons.

Plummer, D.M. (2012) Focusing and Calming Games for Children: Mindfulness Strategies and Activities to Help Children.

Siegel, D.J. (2014) Brainstorm: The Power and Purpose of the Teenage Brain. New York: Scribe Publications.

Siegel, D.J. and Payne Bryson, T. (2012) The Whole−Brain Child: 12 Proven Strategies to Nurture Your Child's Developing Mind. London: Robinson.

실행기능(Executive Functioning)

Brateen, E. and Willoughby, B. (2014) Bright Kids Who Can't Keep Up: Help Your Child Overcome Slow Processing Speed and Succeed in a Fast−Paced World. New York: Guilford Press.

Cooper−Kahn, J. and Dietzel, L.C. (2008) Late, Lost and Unprepared: A Parents' Guide to Helping Children with Executive Functioning. Bethesda, MD: Woodbine House.

Guare, R., Dawson, P. and Guare, C. (2012) Smart But Scattered Teens: The Executive Skills Program for Helping Teens Reach to Relax, Concentrate and Take Control. London: Jessica Kingsley Publishers.

학습 어려움(Learning Challenges)

Boaler, J. (2010) The Elephant in the Class−room: Helping Children Learn and Love Maths. London: Souvenir Press Ltd.

Beck, I.L., McKeown, M.G. and Kucan, L. (2013) Bringing Words to Life: Robust Vocabulary Instruction. New York: Guilford Press.

Blakemore, S.J. and Frith, U. (2005) The Learning Brain: Lessons for Education. Oxford: Blackwell Publishing.

Boon, M. (2014) Can I tell you about Dyspraxia?: A Guide for Friends, Family and Professionals. London: Jessica Kingsley Publishers.

Gathercole, S. and Alloway, T.P. (2008) Working Memory and Learning: A Practical Guide for Teachers. London: Sage.

Harris, K., Graham, S., Mason, L. and Friedlander, B. (2008) Powerful Writing Strategies for All Students. Reciprocal Teaching at Work:

Powerful Strategies and Lessons for Improving Reading Comprehension International Literacy Association (2nd rev. edn). Baltimore, MD: Brookes Publishers.

Hultquist, A.M. (2013) Can I tell you about Dyslexia?: A Guide for Friends, Family And Professionals. London: Jessica Kingsley Publishers.

Likierman, H. and Muter, V.(2008) Dyslexia: A Parents' Guide to Dyslexia, Dyspraxia and Other Learning Difficulties. London: Vermilion.

Moody, S. (2004) Dyslexia: A Teenager's Guide. London: Random House.

투렛 증후군(Tourette Syndrome)

Buehrens, A. (1990) Hi, I'm Adam: A Child's Story of Tourette Syndrome. Duarte, CA: Hope Press.

Buffolano, S. (2008) Coping with Tourette Syndrome Syndrome: A Workbook for Kids with Tic Disorders. Oakland, CA: New Harbinger.

Chowdhury, U., Robertson, M., Whallett, L. and Howard, T. (2006) Why Do You Do That: A Book about Tourette Syndrome for Children and Young People. London: Jessica Kingsley Publishers.

Leicester, M. (2013) Can I tell you about Tourette Syndrome?: A Guide for Friends, Family and Professionals. London: Jessica Kingsley Publishers.

McKinlay, D. (2015) Nix Your Tics! Eliminating Unwanted Tic Symptoms: A How−to Guide for Young People (2nd edn). Ontario: Life's A Twitch! Publishing.

Packer, L.E. and Pruitt, S.K. (2010) Challenging Kids, Challenged Teachers: Teaching Students With Tourette's, Bipolar Disorder, Executive Dysfunction, OCD, ADHD, and More. Bethesda, MD: Woodbine House.

Robertson, M.M. and Baron−Cohen, S. (1998) Tourette Syndrome: The Facts (2nd edn). Oxford University Press.

Thom, J. (2012) Welcome to Biscuit Land: A Year in the Life of Touretteshero. London: Souvenir Press.

Verdellen, C., van de Griendt, J., Kriens, S. and van Oostrum, I. (2011) Tics: Therapist Manual. Amsterdam: Boom Publishers.

Woods. D., Piacentini, J., Chang, S.W., Deckersbach, T. et al. (2008) Managing Tourette Syndrome: A Behavioral Intervention for Children and Adults. Therapist Guide (Treatments That Work). Oxford University Press.

도움되는 웹사이트

Tourettes Action

Supports people with Tourette syndrome and those who work with them, and funds research into treatment and diagnosis.

www.tourettes−action.org.uk

Tourette Association of America

Aims to make life better for anyone affected by Tourette and tic disorders, and funds research into the condition.

http://tourette.org

Tourette Canada

Raises awareness and understanding of Tourette syndrome through education, advocacy and support, and promotes research.

https://www.tourette.ca

Life's a Twitch!

A Canadian website which provides information on Tourette syndrome and associated disorders. It is run by Dr B. Duncan McKinlay, who has Tourette syndrome himself.

www.lifesatwitch.com

www.cpri.ca/families/programs−services/brake−shop/brake−shop−virtual −clinic

Youthinmind Ltd

Provides information, assessment, treat−ment and research to promote psycho−logical well−being.

http://youthinmind.info/py/yiminfo

찾아보기

저자소개

저자 Uttom Chowdhury는 영국 던스터블(Dunstable) 시의 '아동과 청소년을 위한 정신건강 서비스(CAMHS: Child and Adolescent Mental Health Services)의 아동 청소년 정신의학분야 자문가이자 베드퍼드셔대학(University of Bedfordshire) 응용사회학과의 방문교수이다. 그는 Why do that?:A Book about Tourette Syndrome for Children and Young People의 저자이기도 하며 영국 런던에서 활동하고 있다.

Tara Murphy는 Great Ormond Street 병원의 틱 장애 클리닉의 상담 임상 심리학자이며 소아 신경심리학자이다. 그녀는 틱과 투렛 증후군이 있는 아동들과 12년 이상을 일해왔으며 틱장애에 대한 연구논문과 유럽가이드라인을 출판했다. 영국 런던에서 활동하고 있다.

역자소개

심미경 교수는 하버드대학교에서 인간발달과 심리학 전공으로 석사학위를 취득한 후 컬럼비아대학교에서 교육학 박사 학위를 취득하였다. 미국에서는 캠브리지시 공립학교 이중언어교사, 아델파이 대학 조교수로 재직하였으며, 한국에서는 한양대학교 사범대학 조교수, 영산대학교 미래융합대학 학장, 평생교육대학 학장, 평생교육원 원장으로 재직하였다. 아동발달, 부모상담, 다문화교육 및 상담, 평생교육 분야를 연구해왔다. 대표 저서로는 아동을 위한 세계시민교육(박영스토리), 역서로는 문화 간 소통(박영스토리 & 센게이지)이 있으며, 현재 발달심리학과 부모상담을 집필중이다.